Cóm

a cualquier persona,
en cualquier lugar,
en cualquier situación

Claudia Ponte

Cómo atraer
a cualquier persona,
en cualquier lugar,
en cualquier situación

Guía para seducir
de manera inteligente

OCEANO AMBAR

Cómo atraer a cualquier persona, en cualquier lugar,
en cualquier situación

© Claudia Ponte, 2002

Diseño de cubierta: Rodolfo Román
Ilustración de cubierta: Daniel Jiménez

© **Editorial Océano, S.L., 2002**
GRUPO OCÉANO
Milanesat, 21-23 – 08017 Barcelona
Tel.: 93 280 20 20* – Fax: 93 203 17 91
www.oceano.com

ISBN: 84-7556-085-7
Depósito Legal: B-40332 -XLV
Impreso en España - *Printed in Spain*

00192032

Índice

Introducción

Si eres de los que no consigue atraer ni a las moscas en verano, no te preocupes, la seducción es un arte que puede aprenderse y que mejora con la práctica. Así que, ¿a qué estás esperando? Tienes dos opciones: empezar a leer este libro ¡ya! o lanzarte a la calle con la firme intención de seducir al primero que pase. Aunque yo te recomiendo mejor lo primero. ¿Y quién soy yo? Ante todo diría que soy una persona segura, atractiva, inteligente y –obviamente– con un buen concepto de mí misma. Aunque no siempre he sido así. Fui la típica adolescente acomplejada, con prótesis dental y gafas incluidas, y aunque según mi abuela me daban un aire monísimo, yo me sentía como un auténtico patito feo. Tuve que aprender a quererme y a explotar mis puntos fuertes para gustarme a mí misma y transmitirlo a los demás. Pues la base de toda seducción empieza por el amor y respeto a uno mismo; es imposible seducir a nadie, si no tenemos seguridad y autoconfianza.

Durante los últimos diez años he trabajado como periodista independiente, escribiendo sobre psicología y relaciones personales. Actualmente imparto cursos sobre cómo seducir y relacionarnos con éxito en las diferentes áreas de nuestra vida: en el trabajo, en la familia, con los amigos.

Y a partir de las experiencias recogidas en mis seminarios he escrito este libro, con el que aprenderás las claves de seducción para conseguir que los que te rodean pierdan poco a poco la capacidad de resistirse a tu encanto, sin saber cómo ni por qué ha sucedido. Aprenderás a estar siempre en guardia, a no desperdiciar ni un instante para poner en práctica tu poder de atracción con cualquier persona y en cualquier lugar y situación.

Las sencillas técnicas que propongo te permitirán afrontar nuevos contactos con confianza; comunicarte con ellos ¡a menudo sin decir una palabra!, e interpretar sus mensajes. Aprenderás todo lo necesario para concertar una cita, relacionarte con éxito con el sexo opuesto o hacer nuevas y fascinantes amistades; incluyendo cómo conversar asertivamente con cualquiera sobre cualquier cosa; cómo escuchar de manera activa y atractiva; y cómo decir adiós a los sentimientos negativos de autorechazo.

Todos conocemos a personas que viven seguras y cómodas en el papel de ser ellas mismas, ejerciendo un poder de seducción que atrae a muchas de las personas que les rodean. Es gente con un magnetismo especial para atraer a los demás, un encanto natural que provoca irremediablemente simpatía y admiración allá donde van. Son personas que se deslizan con soltura por la vida, que saben lo que quieren y no dudan en mostrar siempre su mejor sonrisa para conseguirlo. Tú puedes llegar a ser una de estas personas si te lo propones.

Vendernos a nosotros mismos nunca ha sido tan necesario como en el mundo actual de cambios e inestabilidad. Por eso, tanto si estás buscando trabajo, tratando con clientes o intentando ampliar y mejorar tus relaciones personales, debes procurar ser irresistible.

Que los demás se sientan bien a tu lado dependerá de tu habilidad para relacionarte; ser amable, considerado, saber escuchar, mirar a los ojos... son algunos aspectos que has de tener en cuenta para seducir y conseguir que los demás disfruten de tu compañía. Conocerte bien te permitirá explotar al máximo tus posibilidades e intentar superar limitaciones como la timidez, que te aleja de oportunidades y experiencias gratificantes que están a tu alcance; pero que debido a pensamientos irreales y miedos irracionales las apartas de tu vida. Y es que las relaciones sociales, que tanto interés tienen para unas personas, producen ansiedad o temor en otras. Si estás entre el cuarenta por ciento de la población que declara ser tímida, lee con especial atención el capítulo dedicado a controlar este sentimiento que te paraliza y te retrae sobre ti mismo; tu miedo irá disminuyendo y la imagen distorsionada que tenías sobre ti se transformará en la de una persona sociable y encantadora.

Ya sea para trabar una amistad, ascender en el trabajo o lograr una relación emocional y/o sexual, la seducción puede ser un una herramienta muy útil para nuestros propósitos si la utilizamos de manera inteligente. Pero conviene no abusar de ella; hay quienes tienen por lema «la seducción por la seducción» y convierten su vida en una conquista continua, sobe todo con fines sexuales. Tal actitud característica de los llamados «playboys» (y actualmente extensible a las nuevas «playgirls») puede encerrar ciertos complejos e inseguridades, por lo que te aconsejo que hagas de la seducción un ingrediente para vivir feliz más que una forma de vida.

¡Buena suerte!

Claudia Ponte

Primera parte

Libera al seductor
que llevas dentro

Capítulo 1

Descubre tu lado más seductor

Solía salir siempre con mi amigo Miguel porque es como un imán para las mujeres. Cuando íbamos juntos a cualquier parte, las chicas se acercaban a él y yo acababa hablando con alguna de ellas. Yo intentaba imitarle: hablaba de los temas que él me sugería para conquistarlas, me enseñaba su repertorio de piropos... pero siempre acababa metiendo la pata y aburriendo a mi conquista. No descubrí mi encanto seductor hasta que conocí a Adela. Fue en una biblioteca, yo leía un libro sobre Egipto, cuando ella se acercó a mí y me susurró entusiasmada: «Este libro es muy bueno... a mí me apasiona el tema». Le propuse ir a tomar un café para intercambiar impresiones y desde entonces no nos hemos separado. Conseguí la mejor de mis conquistas y sin esfuerzo ¡siendo yo mismo y hablando de las cosas que realmente me interesan!

Mateo, *27 años, sobre la importancia de mostrar a nuestro auténtico seductor*

Aprender a seducir

Si eres de los que todavía cree que la seducción es un arte o un don que pocos poseen, estás muy equivocado. No hace falta ser Rodolfo Valentino o Matahari para tener éxito y gustar a los demás, bastará con que sigas algunas de las indicaciones que te propongo en este libro... y ¡empezarás a notar tu poder de atracción! El primer paso es olvidarse de los tópicos que señalan a «los guapos» como los únicos expertos en la materia y empezar a contemplar otras fascinantes herramientas de seducción, como la conversación inteligente, la simpatía chispeante, el sentido del humor, la mirada insinuante...

Aunque el físico es lo primero que nos atrae de alguien la primera vez que lo vemos, el factor determinante para que una persona resulte seductora es su forma de comportarse con los demás y su actitud ante la vida. Su apariencia puede resultar un estímulo inicial para despertar nuestro interés, pero no es suficiente, y por sí sola no consigue convencer ni al menos exigente.

Los grandes seductores, independientemente de su belleza externa, son personas seguras de sí mismas, su autoestima es equilibrada, son empáticos, conectan fácilmente con los demás y hacen que la gente a su alrededor se sienta a gusto.

Aprender a seducir es fácil siempre que se aprendan los pasos necesarios y uno sea consciente de las muchas posibilidades que tiene a su alcance.

Pero para atraer a los demás, has de empezar por aprender a seducirte a ti primero. Así que si la imagen que el espejo te devuelve no te convence, dudas de tus virtudes y consideras que no eres la mejor versión de ti mismo, ha llegado el momento de que empieces a mirarte con cariño, refuerces tu autoestima y aprendas a sacar el máximo partido a tus múltiples cualidades.

¡Vigila tu actitud!

La actitud influye mucho en cómo nos ven los demás; una expresión antipática o amarga puede neutralizar por completo tu belleza potencial o tu poder de seducción. En cambio, si te llevas bien contigo mismo y aprendes a relacionarte con tu propia imagen, sintiéndote a gusto con tu aspecto y con tu forma de ser, lo más probable es que los demás también te encuentren atractivo y encantador.

La importancia del coqueteo

Coquetear no es sinónimo de provocar, manipular o ser frívolo. De hecho, no es más que la encantadora y honesta expresión de tu interés por otra persona. Es una forma de llamar la atención de manera divertida, buscando la complicidad de alguien que te gusta o atrae. Se trata de una forma excitante de hacernos notar. Desarrollar una cierta habilidad para el coqueteo puede ayudarte a comunicar tus sentimientos, a interpretar las señales de los demás y a encontrar amistades fascinantes. El perfecto seductor no es más que un conversador, amistoso y agradable, un encantador de personas que vive y disfruta el momento, y que se relaciona naturalmente con seguridad y confianza en sí mismo. Coquetear te permitirá relacionarte exitosamente con los demás sin vergüenza o miedo al rechazo.

El coqueteo es una habilidad sutil y juguetona que ejerce su magia en cualquier medio social. Llenará tu vida de gente interesante y atractiva; ampliará tu círculo social y te hará más encantadora o encantador a los ojos de esos hombres y mujeres especiales que siempre has querido conocer pero a los que nunca te has atrevido a acercarte.

Por supuesto, el coqueteo no es un traje de amianto; no va a protegerte como un aislante del rechazo. Pero te permitirá aceptarte tal como eres, te hará más consciente de las necesidades de los demás y te dará todos los recursos sociales que necesitas para reducir ese rechazo al mínimo.

Finalmente, el coqueteo convertirá tu trabajo en una actividad llena de satisfacciones. Las estrategias garantizadas de este libro te ayudarán a crear una red crucial de contactos amistosos; que podrán facilitarte el camino para conseguir, a fuerza de encanto, el empleo de tus sueños. De este modo aprenderás a seducir a cualquiera, en cualquier lugar y en cualquier momento... ya sea en tu lugar de trabajo o en el ancho mundo de fuera.

La idea de que no existe un estilo perfecto de seducción puede resultar desalentadora. Pero, en su forma más elemental, los secretos de todo maestro del coqueteo se reducen a lo siguiente: coquetear es el delicado arte de relacionarse con los demás y dejar que los demás se relacionen contigo. No hay más.

El seductor que hay en nosotros no puede ser una creación artificial. Este libro está aquí para ayudarte a redescubrir la persona decidida y aventurera que ya eres y para que, de paso, te conviertas en el mejor seductor que puedas llegar a ser. No se trata de que intentes ser quien no eres o interpretes el papel de un galán de cine o de una estrella de culebrón. Eso nunca funciona. Has de crear tus propias herramientas, buscar en tu interior y empezar a sacar todo el partido posible a tu potencial seductor.

¿Tienes todo lo que hace falta para convertirte en un maestro de la seducción? Yo sé que sí. Adelante, sólo hay dos requisitos para empezar: relajarse y divertirse.

El arte de la sutileza

La sutileza es la gran destreza del seductor. Nuestra estrategia para seducir nunca debe ser obvia ni agresiva. El arte del encanto consiste en fascinar y hechizar a la otra persona sin que ésta perciba de forma evidente tus intenciones, creando un halo de misterio, de duda.

Se trata de que la otra persona se sienta cómoda contigo y atraída por tu forma de comportarte con ella pero sin resultar demasiado directa o agresiva. Ser demasiado franco puede resultar intimidatorio y poco seductor para la persona que nos atrae, ya que se verá en la encrucijada de tener que decidir si le gustas o no al momento.

En cambio, si somos pacientes y vamos creando un clima romántico, poco a poco, la otra persona se dejará arrastrar por el poder atrayente de nuestra seducción. Se trata, por tanto, de sugerir más que de presionar, de ser sutil en vez de resultar evidente, y de hacer que la otra persona acabe rindiéndose a tu encanto, sin saber cómo ha sucedido.

Eso sí, has de procurar que tu mensaje de seducción sea entendido. Si la otra persona no capta tu sutileza, ha llegado el momento de ser más directo; mándale pistas cada vez más evidentes del interés que sientes por ella.

¿Qué tipo de seductor eres?

Aunque no lo sepas, tienes auténtica capacidad para seducir. Y ese «yo» seductor que llevas dentro puede tener efecto en cualquier situación. Sin embargo, para convertirnos en los mejores conquistadores posibles es imprescindible saber qué tipo de seductores somos ya. Con esta prueba descubrirás cuáles son tus virtudes y fallos en sociedad, y aprenderás a distinguir los rasgos que te hacen único y que pueden servirte para distinguirte de la multitud.

Lo importante es que te conozcas bien, explores en tu interior y aprendas a sacar el máximo partido a tus habilidades en el terreno de la seducción. Pues sólo si eres consciente de tu destrezas comunicativas serás capaz de extraer lo mejor de ti. ¿Estás listo para enfrentarte cara a cara al seductor que hay en ti? Toma un lápiz y empieza. Tal vez te sorprenda lo que vas a descubrir...

¿Cuál es tu estilo?

1. *La conversación con esa persona que acabas de conocer empieza a decaer. Para salvar la situación, tú...*

a. ... te retiras. Si alguien no consigue darte conversación, obviamente es porque no le interesas.

b. ... revelas un detalle fascinante sobre ti y empiezas a enrollarte con una de tus interesantísimas historias personales.

c. ... le cuentas un chiste buenísimo; ¡tienes tanta gracia contando chistes!

d. ... buscas a otra persona para charlar. No soportas perder el tiempo con alguien tan aburrido.

e. ... finges no saber nada de un tema en el que tu nuevo amigo o amiga parece ser un experto ¡Hacer que alguien se sienta inteligente es una buena manera de seducirlo!

f. ... te callas prudentemente. No contribuye mucho a la conversación, pero es preferible a decir algo inconveniente.

g. ... te preguntas en qué estará pensando la otra persona. ¡Ojalá pudieras colarte en su mente!

2. *Estás en la parada del autobús y descubres a alguien encantadoramente atractivo junto a ti. Tú...*

a. ... te escondes detrás del diario y mantienes la vista clavada en las letras, deseando establecer contacto visual pero sin atreverte a hacerlo.

b. ... aprovechas la ocasión para compartir tu opinión sobre esa noticia tan interesante que acabas de leer y entablas una amena conversación con el extraño.

c. ... pasas revista inmediatamente a sus atributos físicos: ¡Qué cuerpo!

d. ... analizas las posibilidades de la persona y decides dejarla pasar: simplemente, no es tu tipo.

e. ... exclamas: «¡Qué sonrisa más bonita y radiante tienes!». Los cumplidos siempre funcionan...

f. ... no haces nada: las relaciones con gente que uno conoce por la calle nos son de fiar... no funcionaría.

g. ... piensas en un millón de frases para acercarte a él y te imaginas cómo respondería a cada una.

3. En la sección de vinos del supermercado ves a alguien muy atractivo tratando de escoger una botella. Tú...

a. ... por principio, no hablas con desconocidos. ¡Qué pena! ¡Es realmente adorable...!

b. ... te acercas rapidamente y anuncias: «¡Soy un experto catador!», y seguidamente le colocas un Rioja en la mano: «Éste es perfecto».

c. ... no puedes resistir la tentación de acercarte y recomendarle un vino exótico afrutado mientras le sueltas toda una perorata sobre la importancia de acompañar un buen vino... ¡con una buena compañía!

d. ... pasas de largo. Alguien que no sabe escoger un vino nunca encajaría en tu estilo de vida .

e. ... le pides que te ayude a ti a escoger un vino. ¡ Es tan complicado...!

f. ... te alejas por el otro pasillo. Alguien que es tan puntilloso con un vino tiene que ser muy fastidioso...

g. ... no puedes decidir qué hacer, así que das vueltas en torno a la sección con la esperanza de que el extraño se fije en ti.

4. En tu opinión, coquetear es...

a. ... frívolo y manipulador.

b. ... una excelente manera de darte a conocer.

c. ... algo necesario para mantener relaciones sexuales.

d. ... algo que hay que hacer para conseguir casarse.

e. ... fácil, si le dices a la gente lo que desea escuchar.

f. ... una técnica que sólo funciona si eres una de esas personas afortunadas en el amor.

g. ... un pasatiempo extenuante. El resultado es muy difícil de prever.

5. En una reunión de amigos, te fijas en un nuevo invitado y sospechas que puede ser el amor de tu vida. Te encantaría conversar con esa persona durante la cena, por lo que tú...

a. ... esperas a que todo el mundo esté sentado y ocupas la última silla libre. No quieres ser obvia. La gente insistente resulta poco atractiva.

b. ... acorralas al objeto de tus atenciones y lo sigues hasta la mesa, situándote de manera que nadie más pueda acercarse.

c. ... te sientas a su lado y susurras provocativamente en su oído: «Siéntate. Creo que acabo de enamorarme de ti».

d. ... te fijas en su ropa y te preguntas por qué habrá escogido unos tejanos y una camiseta para acudir a esta fiesta. Quizá se trate de un tipo poco elegante.

e. ... te deshaces en cumplidos. ¡Qué encanto!

f. ... te sientas tan lejos como puedes de ese invitado tan especial. ¿Qué podrías decirle tú para captar su interés?

g. ... das vueltas por la habitación hasta que encuentras la frase correcta para romper el hielo. Una vez la tienes, te das cuenta de que alguien (más rápido que tú) ha ocupado el sitio donde aspirabas a sentarte.

Ésta es una prueba rápida y fácil de evaluar. Marca con un círculo la letra de las respuestas que más se aproximen a las tuyas y cuenta luego cuántas respuestas has marcado con la misma letra.

¿Hay algún tipo de respuestas que predomine sobre las demás? Si es así, sin duda te reconocerás en una de las siguientes descripciones.

Si obtienes respuestas mezcladas, lee todos los párrafos correspondientes. Los consejos que encontrarás aquí te ayudarán a comprender realmente cómo funcionan las citas y las relaciones con el otro sexo. Y comprender estas situaciones es lo único esencial para conquistar con gracia y estilo propio.

A. El seductor que no coquetea

Si respondiste A a la mayoría de las preguntas de la prueba, es que no tienes muy claro cómo emplear tus herramientas de seducción. Y tal vez estés atrapado en una actitud negativa sobre lo que es seducir. Pero, en contra de la opinión de muchas personas, coquetear no es manipular a los demás. Si tus intenciones son amistosas, conquistar puede ser el más abierto y honesto de los pasatiempos. Sin embargo, primero debes llevar a cabo una evaluación sincera de tus necesidades ¿Has pensado alguna vez cuántas personas podrían enamorarse de ti si te llegaran a conocer de verdad? ¿Estás de acuerdo en que expresar un interés sincero por un amigo o un conocido no tiene nada de manipulador? ¿Mejoraría tu vida si supieras a dónde ir, qué decir y cómo encajar cómodamente en cualquier situación social? Si tu respuesta a alguna de estas preguntas es sí, tu necesidad de relacionarte y tu actitud frente a la vida social están en conflicto. Sería más provechoso declarar una tregua y darte permiso para coquetear, a tu manera y de acuerdo con tus reglas.

B. El egocéntrico

Si tu respuesta predominante fue la B, hablas demasiado y, en ocasiones, no tienes conciencia de cuando resultas pesado o inoportuno. Has de entender que la seducción es un intercambio de ida y vuelta. Los conversadores que dan excesivos consejos, revelan demasiadas experiencias personales y vociferan acerca de sus propias opiniones sin escuchar a los demás, acaban repeliendo a cualquiera.

Además te perderás la oportunidad de conocer las opiniones y experiencias de los demás… Presta especial atención al capítulo «saber escuchar» porque sin duda éste es tu problema.

En ocasiones la intención no es mala; muchos de estos «seductores egocéntricos» hablan sin parar de sus características positivas porque se sienten inseguros o porque están desesperados por caer bien. Otros acaparan la conversación por pura tensión nerviosa o por falta de experiencia en sociedad. Sin embargo, si descubres que estás en esta categoría y empiezas demasiadas frases con la palabra «Yo», esto sólo tiene un significado: estás transformando lo que debería ser una conversación de dos sentidos en un monólogo centrado en ti. Y esto, inevitablemente, enfría a los demás.

Los buenos seductores hacen que los demás se sientan bien, cómodos en la conversación. Tienes todo el derecho a sentirte orgulloso de tus logros profesionales y talentos personales. Lo que necesitas aprender es que estas virtudes brillarán más si dejas que los otros las descubran por su cuenta. Quién sabe... tal vez encuentren algunas de las que ni siquiera eres consciente.

C. El arrogante

Algunos seductores caminan; tú marcas el paso. Algunas personas sonríen; tú te comes el mundo con los ojos. Hay mujeres y hombres directos en la seducción... tú eres uno de ellos.

Si escogiste las respuestas C, lo más probable es que las personas que conozcas te acusen entre otras cosas de ser insensible y arrogante, de provocar sexualmente a los demás y hasta de propasarte. De hecho, gracias a tus frases insinuantes y a tu sonrisa libidinosa lo único de lo que nunca te han acusado es de sutileza. Ésta es la virtud crucial que tienes que desarrollar.

Puedes tener en mente una relación sexual, pero difícilmente tendrás suerte si no dejas de hablar del tema; hay muy pocos adultos maduros que estén clamando a gritos que los traten como una aventura de una noche.

Reflexiona acerca de las emociones que estás enmascarando tras tu arrogancia. Muchos seductores y seductoras arrogantes son conquistadores sexuales por fuera y mansas ovejas por dentro. Si crees que esta descripción encaja contigo, contempla la posibilidad de mostrar algo de tu sensibilidad.

D. El impaciente

Si respondiste D a la mayoría de las preguntas, no concibes la seducción como un paseo entretenido a lo largo de un camino lleno de sorpresas, sino como un tren de alta velocidad con un único destino final.

No asustes o agobies a tus conquistas con temas tan serios como relaciones estables o hijos, aunque ésta sea tu meta final. ¡Tranquilízate! ¡Disfruta del paisaje! Seducir no es un trabajo serio orientado hacia un objetivo. De hecho, no debería resultarte difícil o complicado. Simplemente, hay que relacionarse, y esto significa que las personas tienen que darse tiempo para descubrirse a sí mismas para ver qué ocurre –si es que ocurre algo– y para explorar las áreas en las que coinciden sus personalidades, no sus expectativas.

Que no haya malentendidos: no te estoy aconsejando que pases el tiempo con hombres o mujeres que no son tu tipo o con los que tienes poco en común, pero negarte a «perder» un solo instante con alguien agradable, sólo porque no comparte tus planes de futuro, puede alejarte de multitud de oportunidades gratificantes de conocer a gente interesante.

En mi seminario sobre seducción, un hombre de unos cuarenta años se quejaba de que, a pesar de considerarse un gran conversador, nunca conseguía atraer una relación estable. Le pedí que escenificara una conversación con una de las participantes del curso y el resultado fue el siguiente:

Él: ¿No te parece que estar casado es el estado ideal?
Ella: A veces.
Él: A mí me encantaría casarme, tener hijos y formar una bonita familia. ¿Te gustan los niños?
Ella: Bueno, adoro a mis sobrinos... pero tener hijos propios es otra cosa.
Él: Ya pero a tu edad... ya sabes, el reloj biológico...

No me hizo falta oír nada más. Mi estudiante acababa de conocer a esa mujer y no sólo le hablaba de temas tan serios como matrimonio, hogar o niños, sino que además se permitía presionarla con el tema de la edad, el tiempo y la maternidad. Su respuesta fue la típica del seductor impaciente: «Sé lo que quiero. Quiero casarme y tener una familia ¿Para qué voy a perder tiempo y energía con una mujer que no comparte mis deseos?».

Pues porque una relación nueva es una nueva construcción. Antes que nada, necesita cimientos firmes y se hará más sólida a medida que el proceso de construcción avance paso a paso. Nadie le añadiría una segunda planta a la casa de sus sueños si los muros no son lo suficientemente fuertes. ¿Cómo puedes esperar que una relación nueva y frágil aguante el peso de tus expectativas?

Aunque en tu agenda secreta hayas escrito a lápiz «sólo sexo» o «matrimonio», la persona que hará realidad estas metas no se va a materializar a la hora que le des cita. ¿Por qué no te relajas y disfrutas seduciendo? Con ayuda de este libro y con un poco de paciencia, alcanzar el objetivo puede ser la mitad de la diversión.

E. El adulador

¿Cómo es un seductor adulador? Es esa persona que vive colmándote de cumplidos, parpadeando llena de admiración y riéndose a carcajada limpia de tus chistes, aunque sean más malos que los de Jaimito. Es el tipo de hombre que te pide que llames al servicio de urgencias porque «por tu culpa, su corazón está al borde de una taquicardia»; o se pone gafas de sol en plena noche porque «tu belleza está a punto de cegarle».

¿Te resulta familiar? Si señalaste preferentemente las respuestas con la letra E, es muy probable que estas frases las hayas pronunciado tú mismo. Y apostaría a que no has tenido demasiado éxito.

Un cumplido puede ser una manera excelente de entablar conversación, pero la mayoría de las personas son conscientes de sus virtudes y defectos. Si te deshaces en elogios sobre los rasgos que a sus ojos son imperfectos, harás que dude de tu honestidad y de tus verdaderas intenciones. Aun si tienes la suerte de dar con alguien que se deje halagar con facilidad, tus palabras dulzonas pueden tener efectos bastante amargos en el desarrollo de una relación. Es muy difícil mantener un interés que no es sincero. Al principio, tal vez te haga ganar puntos, pero en cuanto este interés se apague, el objeto de tus deseos se sentirá defraudado.

Hacer ver que alguien te fascina, cuando en realidad no te agrada tanto, implica fingir que no eres la persona que eres. No pierdas el tiempo. En este mundo hay suficientes hombres y mujeres con talentos, habilidades y virtudes reales a quienes puedes admirar y respetar. Si tienes dificultades para encontrarlos, este libro te puede ayudar.

F. El que se autoelimina

No hay nadie que no haya experimentado alguna vez un rechazo. El problema es que los seductores rechazados (los que han marcado la F en la mayoría de las preguntas de la prueba) no sólo esperan una negativa; se las arreglan para provocarla. Es el tipo de seductor pesimista, inseguro, que no confía en sus cualidades ni en su carisma, y se acaba alejando de todas las situaciones que implican un reto, porque no se da la oportunidad de intentarlo.

Sin embargo, si enfrentas cada experiencia nueva con una nube negra flotando sobre tu cabeza, te rechazas a ti mismo antes de que nadie más lo haga y te autoeliminas antes de empezar el juego de la seducción, tan sólo conseguirás cargarte de negatividad y alejarte de personas a las que puedes gustar y caer muy bien si te das permiso para acercarte a ellas y conocerlas mejor.

No te lamentes en público de tus limitaciones o complejos; los demás podrían ver sólo esa parte negativa tuya y no apreciar tus verdaderos encantos. En vez de eso, saca fuera lo mejor de ti, resaltando tus virtudes. Si aún así te ves inseguro y necesitas expresar lo que sientes con respecto a tus complejos, habla con algún amigo de confianza que pueda ayudarte a ver aquellos aspectos maravillosos tuyos que a ti que te cuesta reconocer.

G. El calculador

Si respondiste G a muchas de las preguntas de la prueba, eres un seductor racional y calculador. Desconfías de tu corazón e instinto y reduces cualquier seducción a una simple ecuación matemática. Sin embargo, a la hora de seducir, los que dudan se quedan rezagados por el camino a menudo a favor de candidatos más despreocupados.

Este tipo de seductor no puede sostener una conversación sin planearla mentalmente de antemano, desde la primera pregunta hasta la última respuesta probable. Observa, analiza, procesa los datos... y cuando se decide ¡ya es tarde!

Espontaneidad, sencillez, sinceridad... son las claves para no perder oportunidades y sacar el seductor natural que llevas dentro. Se trata de sentir y dejar que nuestro atractivo salga de forma espontánea, sin someterlo a examen, dejándole actuar libremente.

Quizá porque pasa ocho horas diarias delante de su ordenador introduciendo datos exactos para producir esquemas precisos y predecibles, Miguel, programador informático, es analítico y calculador cuando trata de seducir a alguien.

Cuando veo a una chica que me gustaría conocer, lo primero que hago es observarla un rato y ver cómo se comporta. Entre tanto, repaso todas las frases que se me ocurren para romper el hielo y rechazo las que no me parecen apropiadas.

¿Qué frases pueden resultar inapropiadas para Miguel?

Si le pregunto por su trabajo, puedo parecer entrometido. Si le hago un cumplido acerca de su ropa, puede parecerle muy personal. A veces hasta contemplo la posibilidad de acercarme sin más y presentarme, pero nunca lo he hecho. Resulta demasiado atrevido.

Si no te sientes capaz de apartar tu timidez y temes convertirte en el centro de todas las miradas, recuerda sólo esto: si en lugar de alejarte de esas situaciones que te asustan, intentas dar la cara y enfrentarte a ellas, descubrirás que no eres tan vulnerable como pensabas, mejorarás tu autoestima y comprobarás que la seducción te sienta de maravilla... porque nadie tiene que esforzarse mucho para convertirse en un verdadero seductor ¡Tan sólo hemos de liberar al que llevamos dentro!

H. El carismático

Acéptalo. Esa sonrisa encantadora te ha servido para seducir hasta a la mismísima Srta. Rottenmeier. Con esos ojos deslumbrantes has puesto de rodillas a cualquiera… a tu lado la gente se siente cómoda, prendada de tu espíritu alegre, de tu carisma.

De niños todos fuimos grandes seductores. A falta de palabras, conquistábamos el mundo con nuestras sonrisas; nuestro encanto inocente y nuestros divertidos deseos de aventura. Sin pronunciar una palabra cautivábamos a todo el que se nos ponía delante. Aunque ya no tengamos piel de bebé, el delicado arte de la seducción aún funciona así. Sonríe y el mundo te sonreirá; acércate a la gente con una actitud abierta y no sólo te sentirás atraído por otros: también los otros se sentirán atraídos por ti.

Por supuesto que para muchos de nosotros es más fácil decirlo que hacerlo realidad. Cuando tenemos que aplicarlo a la vida real, las cándidas habilidades que aprendimos de bebés se nos han olvidado por completo.

Al alcanzar la adolescencia las emociones ya no se comparten, sino que se enmascaran; de jóvenes reprimimos conscientemente nuestra propia seducción natural; y de adultos, lo que en un principio fue un comportamiento natural, nos resulta algo remoto. Pero, ¿acaso es deshonesto admitir que estás buscando compañía? yo creo que no. ¿Es falso aprender a desenvolvernos con éxito en sociedad, a refinar nuestras habilidades para comunicarnos y a emplear el lenguaje corporal para enviar un mensaje confiado y positivo? Si lo pensaras, no tendrías en tus manos este libro.

Descubre tus puntos fuertes

Asigna a cada enunciado la puntuación que consideres apropiada para tu caso:

Nunca: 1 punto / Casi nunca: 2

A veces: 3 / Con frecuencia: 4 / Siempre: 5

1)

a. Tengo buen aspecto.

b. Procuro gustar a los demás.

c. Tengo iniciativa para conocer gente nueva.

d. Me cuentan cosas personales.

2)

a. Tengo una mirada atractiva.

b. Sé mostrarme amable y seguro/a ante una mujer/hombre.

c. Puedo decir «no» sin sentirme culpable.

d. Creo que los hombres / las mujeres son imprevisibles.

3)

a. Soy inteligente.

b. No desvío la mirada mientras me hablan.

c. Si alguien me gusta mucho, se lo digo.

d. Me hago respetar.

4)

a. Tengo una figura bonita.

b. Suelo halagar a los demás y decir cosas amables.

c. Acostumbro a viajar solo/a.

d. Cuando tengo pareja suelo recibir más de lo que doy.

5)

a. Me siento seguro/a de mi mismo/a.

b. Me gusta sonreír.

c. Tengo éxito en las cosas que me propongo.

d. Las relaciones son un pulso de poder.

6)

a. Soy una persona alegre.

b. Si alguien me necesita, me muestro disponible y atento.

c. Tomo las riendas de mi vida.

d. En las relaciones acostumbro a recibir más de lo que doy.

7)

a. Destaco por mi simpatía.

b. Cuando converso con alguien escucho más que hablo.

c. Sé lo que quiero y lo que no en la vida.

d. Si una relación deja de interesarme, no pierdo más el tiempo y rompo sin miramientos.

Coloca la puntuación obtenida en la casilla correspondiente a las diferentes opciones (a, b, c, d). Cuando hayas completado las casillas, suma la puntuación de cada una de las filas.

	1	2	3	4	5	6	7
a							
b							
c							
d							

A continuación, compara los totales de cada fila y escoge aquella en la que la puntuación sea mayor.

a. Seguro de ti

Tienes la autoestima alta. Emanas seguridad y te sientes cómodo en tu propia piel. Tu atractivo radica en que te gustas y sabes cómo transmitirlo a los demás; y aunque tiendes a ser un poco narcisista, sin duda tienes madera de seductor. Para potenciar aún más tu atractivo natural trata de desarrollar tu empatía; ponte en la piel de los demás y trata de entender las emociones ajenas. Es clave para mantener unas buenas relaciones, ya que nos ayuda a conectar con los demás y a establecer relaciones sinceras y profundas.

b. Complaciente y servicial

Sabes cómo quedar bien porque te muestras dulce, amable y cariñoso. Si éste es tu factor más marcado, trata de no subordinar siempre tus deseos a los caprichos de los demás. Tus necesidades y opiniones también son importantes, y sobre todo evita convertirte en un seductor adulador. No digas cosas que no sientes sólo por complacer a los demás y procura que tus halagos sean siempre sinceros.

c. Llevas las riendas de tu vida y sabes hacia donde vas

Eres independiente, práctico y con iniciativa. Sabes moverte por ti mismo e irradias lógica, sentido común y valentía. Eres el tipo de seductor que atrae a personas que necesitan sentirse amparadas y protegidas. Tu manto protector y tu claridad de ideas son tus encantos más preciados.

d. Te comportas con clase y haces que te traten con respeto

Tienes tu propio estilo, sabes lo que quieres y atraes a personas por tu magnetismo natural y tu encanto salvaje. Sin embargo, a menudo, esperas mucho de tus relaciones y no ofreces lo mismo a cambio. Si éste es tu caso procura bajarte del pedestal y ser un poco más altruista en tus relaciones afectivas. Si lo consigues, tienes el éxito garantizado. Tu seguridad y tu sensibilidad hacia los deseos de los demás harán una mezcla explosiva a la que nadie podrá resistirse.

Y recuerda: los seductores de más éxito son hombres y mujeres como tú; que han aprendido a conseguir que los demás se sientan cómodos con una sonrisa o a presentar de una manera única rasgos más bien corrientes. Si esta noticia te ha dejado sin aliento, ¡mucho mejor! Ha llegado el momento de que empieces a dar pasos positivos en el maravilloso mundo de la seducción.

Consejos para seducir con éxito

♦ Un seductor que no coquetea es un seductor que no consigue nada. ¡Concédete una oportunidad! Date permiso para relacionarte.

♦ Nada acaba antes con un encuentro que un acercamiento agresivo. Dale tiempo a los demás para que lleguen a conocerte.

♦ Tu trabajo, tu coche o tu ego hipertrofiado no son afrodisíacos. Nada atrae tanto como mostrar el mismo interés por los demás que por ti mismo.

♦ Las actitudes negativas de autorechazo nunca son productivas en las relaciones sociales. Cambia de actitud y tu suerte cambiará.

♦ Los cumplidos poco sinceros pueden detectarse a un kilómetro de distancia. Por ese motivo, quienes los hacen no llegan a ningún lado con el otro sexo.

♦ El coqueteo debe ser espontáneo. ¡Vive el momento!

- Las conversaciones que uno sostiene mentalmente tienden a quedarse dentro de la cabeza. Si ves a alguien que te interesa, ¡actúa!
- Seducir no es fantasear. Es una habilidad real que hará que tengas éxito en tu vida diaria.

¡Has nacido para seducir! Para sacarle el mejor partido a tus inclinaciones naturales, ¡sigue leyendo!

Capítulo 2

Sé tú mismo

Antes me sentía a disgusto conmigo misma. Me veía fea y sin gracia, incapaz de gustar a nadie. Y así era: cuando alguien se me acercaba huía despavorido al ver mi expresión amarga. Un día, mientras me lamentaba de lo desgraciada y fea que era, mi madre cogió un espejo y me obligó a mirarme «Mírate bien –me dijo–. Mira tu pelo, que es precioso, tan suave y abundante; fíjate en tus ojos color miel, igualitos a los de tu abuela, que era bellísima; y tu nariz es respingona, pero te da un aire pícaro muy atractivo. Hija mía, eres preciosa ¿De verdad te ves tan fea?». Sus palabras me hicieron reaccionar. Yo, que siempre huía de los espejos, me quedé allí plantada durante varios minutos, reconociéndome en esa cara que ya no veía tan desagradable... Al final me dediqué la mejor de mis sonrisas y decidí desde ese momento que iba a dejar de maltratarme y que merecía todo mi cariño. Ahora ya no me siento fea, me gusta mi aspecto, me siento a gusto con mi personalidad... y ese sentimiento se refleja en las personas que me rodean, que ahora me ven como a una persona encantadora y atractiva.

Laura, *24 años, sobre lo seductor que resulta querernos*

Fuera complejos

Seducir exige confianza en uno mismo. No es ningún secreto que quienes consiguen seducir en sus relaciones personales demuestran una actitud segura y cómoda con su aspecto y personalidad. No es necesario que seas increíblemente guapo o brillante; bastará con que te sientas bien contigo mismo y aprendas a transmitirlo a los demás.

La seducción es fundamental en cualquier tipo de relación. Ya sea amistad, trabajo, familia o amor, esta poderosa arma ejerce su influencia en cualquier ámbito de la vida social y afectiva. Seducir a una persona consiste en generar en ella un interés y un estado de ánimo positivo hacia nosotros. Algunas personas tienen un carisma o una gracia innata que les hace encantadores. Sin embargo, las personas con autoconfianza y seguridad son sin duda las que emanan mayor poder de atracción.

Hay gente que finge ser quien no es para agradar a los demás. Son personas acomplejadas que maquillan su personalidad en función de quien tienen delante. Pero esto no es necesario ni recomendable si quieres que los demás te aprecien y valoren de una forma real y sincera. Los complejos nos hacen vulnerables y dependientes de la aprobación de los demás, ya que anteponemos la opinión de los otros a nuestra propia autoestima, sin tener en cuenta que cuanto más nos queremos y más a gusto nos sentimos con nuestra forma de ser, pensar y sentir, más lo transmitimos. Así que, deshazte de tus complejos y empieza a valorarte como realmente mereces.

A todos nos gusta que nos alaben y hagan cumplidos; nos sentimos bien cuando nos acarician con palabras y nos miran con aprobación. Contar con el apoyo de otros nos hace sentir fuertes y seguros; sin embargo, cuando necesitamos esa aceptación y no la conseguimos, nuestros complejos e inseguridades toman mayor fuerza y nos vuelven débiles y dependientes.

Actúa de acuerdo a tus valores y sentimientos, pero no trates de contentar a todo el mundo ni te sientas acomplejado por ser diferente o tener ideas distintas, pues en la diferencia radica tu principal encanto.

Si dejas que la opinión de los demás sea más importante que la tuya propia, lo único que conseguirás es anularte. Además, si tratas de ser alguien que no eres, sólo atraerás a gente poco apropiada para ti, y eso siempre supone una pérdida de tiempo y energía. Así que no te esfuerces en cambiarte; enseña lo mejor de ti y aprende a quererte y valorarte como realmente mereces.

Repasa todas tus virtudes, ensaya afirmaciones positivas sobre ti frente al espejo y repítete cada día cuando te levantes frases motivadoras que te den confianza:

◆ Confío en mí mismo.
◆ Soy una persona atractiva.
◆ Tengo buen aspecto.
◆ Me gusto tal y como soy.
◆ Soy competente en mi trabajo.
◆ Acepto mis virtudes y defectos.

No te maltrates con pensamientos, sentimientos o afirmaciones de autodesprecio y empieza a comportarte como un buen amigo para ti.

Sé tú mismo. Si frente al error adoptas una visión positiva en lugar de criticarte y humillarte; y en vez de rabia sientes comprensión hacia ti; empezarás a sentirte a gusto contigo mismo y atraerás a los demás como un auténtico imán.

A gusto contigo mismo

Sentirte bien contigo mismo es el primer paso para empezar a notar tu poder de seducción, pues sólo cuando aprendemos a querernos y confiamos en nuestras capacidades logramos transmitirlo a los demás. Para conseguirlo sólo tienes que mirarte con cariño y seguir los siguientes consejos:

◆ **Cuida tu aspecto.** Cambia de peinado, hazte un tratamiento facial, regálate una visita a un centro de belleza o cómprate ropa alegre y llamativa que te siente bien. El cuidado del aspecto físico es una parte del amor por uno mismo. Nuestro grado de confianza aumenta cuando sabemos que tenemos buen aspecto.

◆ **No trates de ser quien no eres.** Indentifícate con modelos de belleza realistas. No es necesario ser extremadamente delgado o tener un estado físico inmejorable para sentirte cómodo dentro de tu propia piel y gustar a los demás. Conseguir la armonía perfecta entre tu apariencia y tu personalidad consiste en creer en ti, confiar en tus valores, en tu aspecto y tratar de transmitirlo a los demás.

◆ **Perfecciona tu propio estilo.** Aprende a seleccionar lo que te sienta bien y a descartar lo que no te favorece, de una manera natural, sin obsesionarte por tu aspecto. La persona que está permanentemente preocupada por la forma en que la ven los demás suele manifestar una inseguridad que no resulta nada atractiva.

◆ **Sácate partido.** Quizá tu apariencia física no siga las directrices de lo que está de moda (labios carnosos, delgadez, altura...), pero también puedes optar por sacar partido a tus diferencias en vez de vivirlas como defectos y sentirte especial, diferente y satisfecho con ello. No permitas que las presiones externas de belleza destruyan tu individualidad.

◆ **Asume con inteligencia tu edad.** Una arruguita puede resultar muy seductora si la sentimos como una señal de madurez, de experiencia y sabiduría. Aprende a sacar partido a cada etapa de tu vida, ya que cada edad tiene sus posibilidades y limitaciones, y la elegancia consiste en encontrar el equilibrio adecuado entre ambos elementos en cada momento de nuestra vida.

A gusto con tu cuerpo

Sólo tenemos un cuerpo y hemos de vivir con él toda la vida, así que si no quieres pasarte el resto de tu existencia lamentándote empieza a quererlo tal y como es. Los complejos con respecto a nuestro aspecto físico surgen cuando contemplamos nuestro cuerpo con disgusto y vergüenza, y vemos los rasgos que nos desagradan como taras o defectos.

La mejor manera de amar nuestro cuerpo es conocerlo y aceptarlo; asumir nuestro peso saludable, saber lo que mejor nos sienta, lo que no nos favorece... y aprender a sacarle el máximo partido, pues todos tenemos rasgos especiales que merece la pena resaltar.

Se trata de que intentes ser la mejor versión de ti mismo, transformando aquellos aspectos que te disgustan y contemplando los que no puedes cambiar de tu aspecto como diferencias que te hacen único y que conforman tu personalidad. Asumir tu cuerpo tal y como es, aceptando tus defectos, limitaciones o diferencias, te hará más libre y te ayudará a disfrutarlo, sin angustiarte por el deseo de cambiarlo.

Ejercicio

Saca partido a tus cualidades
♦ Para poder transformarte en un ser irresistible y deseable es necesario que antes te conozcas bien, para poder neutralizar de manera inteligente tus defectos y sacar el máximo partido a tus virtudes. Coge lápiz y papel y elabora un autorretrato con las características de tu personalidad, aspecto, talentos, deseos, gustos... que te definan. Haz dos columnas: en una escribe los ras-

gos que más te gustan de ti, y en la otra los que te desagradan.

♦ Lee en voz alta la columna de los rasgos que te gustan de ti, y créetelo. Te lo está diciendo alguien que te conoce muy bien: es decir tú.

♦ Trabaja con la columna de los aspectos que te disgustan. ¿De qué manera podrías transformar esos defectos en virtudes? ¿Cómo podrías sacar el máximo partido a aquello que te desagrada? O ¿de qué manera podrías cambiar aquello que no te gusta?

Equilibra tu autoestima

Nuestro nivel de autoestima puede ejercer una gran influencia en el tipo de relación que establecemos con los demás y en nuestra salud mental. Tener una visión realista de nosotros mismos equivale a equilibrar nuestra autoestima, de manera que no sea excesivamente alta (narcisista, egocéntrica, orgullosa), ni tan baja que nos impida disfrutar del hecho de ser como somos. Las personas seductoras tienen un concepto sano de sí mimas, son seguras, confiadas y su autoestima está equilibrada.

Exceso de autoestima

Es el caso del *seductor egocéntrico*. Las personas narcisistas o con una autoestima demasiado alta resultan muy insoportables y nada seductoras. Se creen el centro del mundo, por lo que giran continuamente sobre sí mismas exigiendo de los demás atención y reconocimiento. Sin embargo, nunca tienen bastante: los demás siempre están en deuda con él o le tienen envidia. En otras palabras: no saben relacionarse porque no encuentran personas de su nivel. Si este es tu caso, asúmelo y trata de cambiar. A menos que quieras quedarte solo, abre tu corazón y deja de exigir, escucha, descubre lo que piensan los demás y trata de

abarcar otros puntos de vista, amplía tu perspectiva de la vida...
En definitiva, aprende a vivir con los demás, a ofrecer lo mejor
de ti sin esperar nada a cambio.

La amistad y el amor implican generosidad y respeto. Y sólo
así conseguirás que tus relaciones sean auténticas y sinceras.

Autoestima por los suelos

Si la autoestima desproporcionada actúa como repelente en
nuestras relaciones sociales y afectivas, el exceso de humildad
resulta también muy poco seductor, ya que nos lleva a infravalo-
rarnos y a no ser capaces de defender nuestros logros.

Muchísimas personas padecen de baja autoestima en algún
aspecto. Las áreas más comunes son el aspecto físico, el trabajo
y las relaciones personales. La gente insegura es especialmente
propensa a sentirse mal por ello; nunca se ve lo bastante atractiva, inteligente, divertida... o seductora.

La causa principal de la falta de autoestima son las creencias erróneas que tenemos de nosotros mismos. Quizá tu primer amor te dejó, y empezaste a creer en aquel momento que
no eras digna de amor. Quizá tus compañeros de colegio se
metían contigo por tu peso, tu nariz, tu pelo... y tú concluiste
que tu aspecto era simplemente inaceptable. O quizá tus padres, superexigentes, ponían en ti unas expectativas imposibles
de cumplir y tú decidiste que nada de lo que pudieras hacer
sería suficiente.

Tus creencias negativas acerca de ti mismo vienen de este
tipo de experiencias. En algún momento decidimos que somos
torpes, indignos de amor... y nuestra autoestima recibe tal golpe que se queda sin fuerzas para el futuro. La creencia de que
no somos lo suficientemente buenos, atractivos, etc. se convierte en una parte de nuestra identidad que asumimos y acep-
tamos como algo que no podemos cambiar. Pero sí podemos.
La baja autoestima se esconde detrás de estas creencias irracio-

nales que podemos sustituir por pensamientos positivos y reales de lo que somos.

Ejercicio

Adiós a las creencias negativas

◆ Haz una lista de todas las creencias negativas que tienes sobre ti mismo. Quizá te identifiques con algunas de éstas:

• No hago nada bien.

• Soy un desastre.

• Nadie me quiere.

• No valgo para nada.

• Soy feo, gordo y nada atractivo.

• No gusto a nadie.

◆ Piensa en diez situaciones en las que no te sentiste así, sino todo lo contrario. Por ejemplo: «Me sentí muy competente cuando me gradué en...» o «Cuando me pongo el vestido rojo me siento realmente atractiva».

◆ Piensa en cinco personas que tengan opiniones positivas de ti, o que te hayan dicho alguna vez que eres inteligente, atractivo, competente...

Aprende a recibir cumplidos

No rechaces nunca un piropo, siempre que sea de buen gusto y bien intencionado. Los cumplidos o elogios son una fuente inapreciable de autoestima. Aprende a recibirlos con naturalidad, sin avergonzarte o rechazarlos con falsa modestia. Al aceptarlos de una forma natural y sana mejorará la imagen que tienes de ti mismo y tus relaciones serán más abiertas y sinceras.

Así que si alguien te alaba diciendo: «¡Qué guapa estás con ese vestido nuevo!», no contestes: «¿Nuevo este trapo viejo? Si hace años que lo tengo…». De esta manera, no sólo te rebajas a ti misma, sino que insultas a la persona que te dedica el cumplido. Quizá su amabilidad esconda la intención de que tú también te fijes en él. Una respuesta positiva sería: «Gracias, eres muy amable... y, por cierto, el color de esa camisa te sienta de maravilla».

Ejercicio

Tu reserva de elogios

◆ Piensa en los cumplidos que has ido recibiendo a lo largo de tu vida de tus amigos, familiares, compañeros de estudio o trabajo ¿Qué suele resaltar la gente de ti? ¿En qué se fijan los demás de tu aspecto o personalidad? ¿Cuáles son tus puntos fuertes?

◆ Escribe al menos veinte elogios en diferentes papelitos y mételos en algún lugar especial. Tú mismo puedes decorar o comprar una caja bonita, una bolsita de tela, un saquito... Se supone que la belleza del recipiente refleja el valor inapreciable de su contenido.

◆ Cuando sientas que tu autoestima o seguridad se tambalea, mete la mano en tu saquito de elogios y saca un papelito, o dos, o todos... repítelos en voz alta y créetelos. Alguien en algún momento de tu vida te lo ha dicho de forma sincera, así que es cierto y puedes creerlo tranquilamente.

Cuida y mima tu saco de elogios y cada vez que recibas un cumplido nuevo guardado en él como si fuera un tesoro.

Capítulo 3

Acude a lugares interesantes

Mi idea de un plan perfecto para la noche del viernes era salir de trabajar, alquilar una película en el videoclub e hincharme a comer pizza y palomitas. Pero hace unos meses una compañera de trabajo me animó a salir con ella y otros compañeros; la excusa era comentar la última jugarreta de nuestro adorable jefe. A mí lo que me apetecía era irme a casa, descansar y disfrutar de mi sesión de película y palomitas… pero acepté. Y me lo pasé realmente bien. Allí estaba yo con un grupo de gente, de la que apenas conocía nada (aparte de su función laboral) riendo y hablando de nuestras cosas como amigos, no sólo como compañeros de trabajo.

Desde entonces, salimos todos los viernes. A veces uno de ellos trae a algún amigo, y mi círculo de amistades crece sin parar.

Ana, *28 años, sobre la importancia de salir y relacionarse*

Sal de casa

Todos necesitamos tiempo para estar a solas, recogidos y reflexionar. La soledad nos permite disfrutar de nuestra compañía, conocernos mejor y desconectar... Pero si no decides romper tu exilio voluntario y salir de vez en cuando, te quedarás invernando solo durante demasiado tiempo.

Asegúrate de que tu puerta se abra en las dos direcciones y oblígate, de vez en cuando, a salir. No te pongas una excusa en el último momento; decide que no estarás cansado hasta el momento de meterte en la cama y aprovecha cada isntante. Todos hemos tenido días en los que hemos sido casi arrastrados fuera de casa por amigos que no aceptan un «no» por respuesta, y la sorpresa es que nos lo hemos acabado pasando realmente bien.

Una cosa más: dentro del coche estamos tan aislados como en casa. Caminando hasta la panadería, el supermercado o la biblioteca tendrás la oportunidad de charlar y hacer amistad con los vecinos; y unos buenos vecinos pueden convertirse en una relación muy agradable.

Así que, ¡anímate! Sal de casa, relájate y propónte pasarlo bien. Tumbarse delante de la televisión puede ser algo magnífico después de un largo día de trabajo, pero si día tras día te dedicas a vaguear frente a la caja tonta, a la única persona que terminarás conociendo será al técnico que repara las averías. Y eso, si tienes la suerte de que el aparato se estropee.

Quizá pienses que ya has estado en todos los lugares posibles y nunca has conocido a nadie interesante. De acuerdo, quizá hayas recorrido todo el circuito de bares y discotecas de tu zona. Sin embargo, éstos no son los únicos sitios en los que puedes conocer a gente interesante... Quizá estés pasando por alto otros lugares en los que *tú* te sientes más cómodo y donde podrías encontrar personas más afines a ti. Además, si no sales a la calle con la mente abierta o no te acercas a nuevas experiencias con espíritu aventurero, ¡no habrás estado en ningún sitio!

¿Dónde están todos esos lugares fascinantes?

Debería ser evidente: los lugares más interesantes son precisamente aquellos que más atractivos te resultan a ti. En ellos podrás conocer, sin duda, a gente que puede enriquecerte y aportarte lo que necesitas ¿A quién esperas encontrar en sitios en los que te aburres sino a gente que no comparte tus intereses?

Piensa lo siguiente: ¿En qué fascinante lugar podría encontrarte tu media naranja? ¿Te gusta leer? Entonces, quizá la biblioteca pública, un seminario sobre literatura o un banco en un rincón soleado del parque pueden ser lugares ideales para estar alerta.

¿A qué estás esperando? Mientras estás dando una vuelta en bicicleta por tu barrio, yendo de excursión por la montaña o asistiendo a una reunión de la comunidad de vecinos hay alrededor cientos de personas solitarias que tienen el mismo objetivo que tú: conocer gente y relacionarse.

Ejercicio

Coge un bolígrafo y un papel y elabora una lista con las aficiones, capacidades e intereses que te interesaría desarrollar. Comienza con actividades que puedas realizar solo, como fotografía o yoga, y luego deja que tu imaginación vuele con libertad. Después, con la lista en la mano, empieza a pensar de qué manera podrías realizar tu hobby y seducir al mismo tiempo.

¿Te gusta hacer excursiones? Investiga en qué local se reúne el club de excursionistas más cercano o pregunta en una agencia de viajes sobre ofertas que te interesen. Si todavía no estás muy seguro de dónde ir, busca en las páginas amarillas, en los periódicos o en el tablón de anuncios de tu empresa posibles lugares que te resulten atractivos. Seguro que encontrarás cientos de clubes u organizaciones que puedan convertir tus intereses personales en actividades de grupo.

Además, si te dedicas a asuntos y actividades que te estimulen, te harás una idea de la clase de compañero o amistades que puede hacer que tu vida sea más completa. Y si persistes en ello, incluso puede que estés en la pista de esas personas tan especiales que estás buscando.

¿Y si el amor de tu vida no se lanza a tus brazos en las clases de baile a las que te has apuntado? No pasa nada; una vez hayas aprendido a bailar, a cocinar o a pintar, te sentirás mejor contigo mismo y te será más fácil encontrar compañeros atentos y amables que aprecien tus nuevos conocimientos. Y la experiencia no habrá sido una pérdida de tiempo, pues habrás pasado una temporada agradable y enriquecedora.

La seducción en el trabajo

Puesto que pasamos la mayor parte del tiempo en el trabajo es muy posible que nos sintamos atraídos por algún colega, o que podamos hacer fascinantes amistades si nos mostramos un poco receptivos. Así que ¡no bajes la guardia mientras trabajas!

Además, ser encantador y transmitir una imagen de seguridad y competencia en tu lugar de trabajo hará que tus superiores confíen en ti y no duden en promocionarte cuando llegue el momento.

Aunque si lo que quieres es ligar es conveniente que tengas en cuenta las ventajas e inconvenientes de mantener un romance en la oficina:

Una ventaja es que puedes conocer a esa persona gradualmente, durante ocho horas al día y cinco días a la semana, saber lo que hace, cuáles son sus aspiraciones profesionales. También podrás observar su comportamiento: cómo le afecta el estrés, cómo se relaciona con los compañeros: si es amable, cariñoso... El único inconveniente es que si esa persona deja de interesarte, tendrás que seguir viéndola cada día y eso puede generar situaciones muy incómodas.

Sea como sea, en las relaciones laborales hemos de procurar ser encantadores y ofrecer una buena imagen de nosotros mismos. El ámbito laboral es un escenario ideal para poner en práctica nuestras armas de seducción e intentar que los demás nos encuentren encantadores y competentes. Tendremos más posibilidades de triunfar, de hacernos cargo de más responsabilidades, de evolucionar... si los demás se encuentran a gusto trabajando a nuestro lado y ofrecemos una buena imagen.

Cómo seducir y convencer en el trabajo

◆ Adopta una actitud seductoramente relajada y amable. Exprésate de forma pausada y tranquila pero con tono firme, sonríe, busca el contacto visual... Ofrece tu mano al saludar y aprieta la del otro de manera firme, aunque no violenta. El mensaje que darás es el de competencia y autodominio.

◆ En una reunión de trabajo procura que tu postura sea la correcta. Es decir que transmita interés, sin ser rígida. Si estás sentado no te recuestes sobre la silla e inclínate hacia delante; si estás levantado, ponte recto con la cabeza erguida.

◆ Cuida tu apariencia. Vístete de forma cómoda y discreta para trabajar pero no olvides algún detalle que te resalte y te haga sentir bien. Nuestra forma de vestir, el corte de pelo, el cuidado de nuestras manos... ofrece una gran información sobre nuestra forma de ser. Viste siempre de manera elegante, por encima de tu posición laboral. Quizá al principio te suponga una pequeña inversión económica, pero a la larga transmitirás el mensaje de que puedes encajar bien en cualquier puesto de alta responsabilidad, y que estás preparado para un ascenso.

◆ En una entrevista de trabajo, prepárate respuestas claras y positivas a preguntas como: ¿Qué hace actualmente? o ¿Qué puede ofrecer a nuestra empresa? Infórmate bien antes sobre la actividad de la empresa y su historia y lleva tu currículum vitae actualizado (no más de dos hojas). Pide que te aclaren cualquier duda que tengas sobre las condiciones del empleo (sueldo, horario, contrato...), transmitirás una imagen de seguridad y profesionalidad; y a los demás les gustan las personas con las ideas claras y seguras de sí mismas.

◆ Sé cordial, da siempre los buenos días... Procura ser amable, pero sin resultar demasiado extravertido en tus relaciones laborales; los demás pueden interpretarlo como una falta de profesionalidad y seriedad.

◆ Pon entusiasmo. Define claramente tus objetivos y trata de perseguirlos con entusiasmo, aplicando toda tu energía en conseguirlos. Luchar por alcanzar nuestras metas desde una postura de equilibrio interior, sin derrumbarnos por los fracasos, hace que transmitamos una imagen de autocontrol y fuerza vital muy seductora.

◆ Aprende a decir no. No caigas en el error de pensar que es preferible comprometerse con más tareas de las que puedas abarcar a negarte. A la larga, te será imposible cumplir con todas ellas y acabarás ofreciendo un bajo rendimiento y una imagen de incompetente desbordado.

Capítulo 4

Provoca que las cosas pasen

No creo en la casualidad, si alguien me gusta provoco la oportunidad para acercarme a ella y conocerla. Eso sí, para seducirla finjo encuentros fortuitos y le hablo de los caprichos del destino para reunirnos siempre en los lugares más insospechados.

Jose, *27 años, el rey de los encuentros fortuitos*

Todo lo que tienes que hacer es pensar que cualquier lugar es bueno para conocer gente y tener una actitud lo suficientemente abierta como para aceptar que cualquiera puede ser un amigo en potencia. Sólo si te acercas a los demás y lo intentas empezarás a tener resultados.

Bibliotecas, centros comerciales, exposiciones... pueden convertirse en suelo fértil para que nuevas relaciones florezcan. A veces, es necesario elaborar una pequeña estrategia para «provocar la oportunidad» de encontrarse con un atractivo desconocido, pero una pequeña inversión de tiempo, esfuerzo e ingenio puede verse altamente recompensada, tal y como le sucedió a Pablo.

Hazlo con imaginación y elegancia

Cada mañana, a las ocho y media, Pablo esperaba en la estación el tren para ir a la universidad donde estudiaba un curso de pintura. El tren no suele ser muy puntual, pero él amenizaba la espera contemplando discretamente la irresistible sonrisa de una chica.

Todo lo que Pablo sabía sobre aquella misteriosa joven era que cogía el tren cada día a las ocho y media; que las dos chicas que solían acompañarla la llamaban «Carlota» y que tenía la clase de sonrisa que Pablo deseaba desesperadamente captar con su pincel.

Pero, ¿cómo hacerlo? Aquella era una estación de una gran ciudad, donde la gente mostraba toda la desconfianza propia de las grandes ciudades. Pablo no quería actuar como un psicópata, así que, día tras día, sonreía educadamente en dirección a Carlota, quien le devolvía la sonrisa educadamente. Mañana tras mañana se juraba que le hablaría, pero luego se atormentaba todo el día por no haber tenido el valor suficiente para hacerlo. Finalmente, Pablo sacó su lápiz carboncillo y esbozó un retrato, sin que ella se diera cuenta.

Unos días más tarde Pablo se dirigió hacia ella con aire resuelto, se presentó y le soltó, casi sin respirar, todos los detalles de su trabajo: «Estoy estudiando pintura y espero que no pienses que soy un descarado, pero estoy haciendo un proyecto sobre retratos y me gustó tanto tu sonrisa que me he tomado la libertad de pintar tu rostro».

Pablo se dio cuenta de que Carlota hacía esfuerzos para mantener la compostura. La sonrisa que tanto admiraba no asomaba por ninguna parte, así que, muy nervioso, alcanzó a balbucear: «Quizá esto te parezca un poco atrevido, pero la pintura ha ganado un premio y me gustaría mucho enseñártela. ¿Podríamos vernos aquí mañana por la mañana, media hora antes de lo habitual? ¿O mejor en el café de la esquina? Si te gusta es tuya; podrás regalársela a tu novio».

Parece que esta reacción le resultó simpática a Carlota porque finalmente y con aspecto de no querer darle demasiado ánimo a Pablo, respondió: «Supongo que sí. Me gustaría ver esa pintura». En ese momento el tren entró en la estación y Carlota dijo: «Hasta luego. ¡Ah!: y no tengo ningún novio a quien regalársela», añadió. La puerta del vagón se cerró, pero se abrió un nuevo capítulo en la vida de Pablo y Carlota.

Maneras de aproximarse

El plan de Pablo puede parecer algo premeditado, pero para que una seducción funcione, a veces, requiere algo de previsión y preparación. Estudiar un poco el objeto de nuestro interés antes de acercarnos a él no es más manipulador que investigar sobre una empresa antes de enviarle nuestro currículum.

Para conocer mejor a la persona que te interesa empieza por aproximarte a ella de una manera natural. Si trabaja contigo, acércate con excusas de trabajo hasta que veas la oportunidad de proponerle seguir hablando de los temas laborales en el bar de la equina, mientras tomáis un café. Si es quien te atiende en la biblioteca de tu barrio, pídele que te recomiende un libro. Si es del gimnasio, pregúntale cómo funciona un aparato…

Utiliza tu imaginación a la hora de buscar la forma de acercarte a esa persona que te parece tan interesante. Ten en cuenta el lugar en el que te encuentras, las circunstancias y el tipo de persona por la que te sientes atraído. Tal y como hizo Pablo, sé original y creativo a la hora de urdir alguna estratagema para conocerla.

Ana soñaba con un compañero de trabajo desde hacía mucho tiempo, pero no sabía cómo dar el primer paso. Un día después de mucho pensárselo decidió tomar la iniciatia: ideó una estrategia intersante y pasó a la acción.

Nunca tengo suerte en los concursos de radio, pero en aquella ocasión me sabía la respuesta y llamé rápidamente. ¡Y lo conseguí! Gané dos entradas para el Gran Premio de Catalunya de Motociclismo. Sabía que él iba cada año y que se había quedado sin entrada, así que tenía el cebo perfecto. Cuando se lo expliqué, sus ojos se abrieron como platos y fue él mismo quien exclamó: «¡Qué suerte tiene la persona que te acompañe!». Yo, muy pícara, le pregunté: «¿Por poder presenciar las carreras o por acompañarme?» Se puso rojo como un pimiento. Por supuesto, le invité encantada, aceptó, y aquello fue el principio de un romance que duró tres años.

Ana, *33 años, sobre cómo pasar al acción con sutileza.*

Frases anzuelo para acercarnos

Si se trata de un desconocido

◆ «Sé que puede parecer muy descarado pero tengo la sensación de que nos conocemos de algo...» Es una frase muy recurrida pero pronunciada con suavidad y convencimiento deja a la otra persona pensando y observándote, tratando de recordar de qué puede conocerte.

◆ «Perdona, pero es el cumpleaños de mi hermano y busco una corbata como la que tú llevas, ¿podrías decirme dónde la has comprado?... Estoy convencida de que a él le sentaría tan maravillosamente bien como a ti».

◆ «¿Podrías indicarme por dónde queda la calle...?» Si no tiene prisa puede que incluso decida acompañarte y compartir contigo un agradable paseo.

◆ «¿Sabes dónde puedo encontrar la panadería más cercana? Soy nuevo en este barrio y todavía ando un poco perdido». ¡Quién sabe! A lo mejor le resultas simpático a primera vista y se ofrece para acompañarte a hacer un *tour* completo por el barrio.

Si ya lo conoces

◆ «¿Te apetece que vayamos este viernes al cine?» Sé concreto. Es más fácil obtener resultados positivos si la frase es clara y directa. Evita vaguedades como «¿Qué tal si quedamos un día de estos?».

◆ «Tú aún no lo sabes, pero este sábado tienes una cita conmigo. ¿A qué hora te va bien que pase a recogerte?» Si sonríe, es que le ha encantado que tomes la iniciativa de una manera tan divertida. Si te dice que no puede, podrías contestarle: «Vaya, entonces no nos queda más remedio que aplazarlo para otro día...». Si le interesa tu propuesta, será esa persona quien te lo proponga más adelante. En cualquier caso, tú ya le has enviado la primera señal, ahora espera a que sea él/ella quien te la devuelva.

◆ Una técnica que funciona mucho con personas que ya conocemos es la técnica de la apuesta. Consiste en mostrar desacuerdo por algún dato sin importancia que haya comentado: el actor principal de una película antigua, la letra de alguna canción ... lo que sea, siempre que se pueda demostrar. «¿Te apuesto una cena a que no tienes razón?» Si acepta ya habrás conseguido una cita; si no, al menos sabrás que no está interesado.

Diferénciate del resto

Muchas personas llevan consigo, dondequiera que van, signos evidentes de su personalidad y aficiones. Llevar algo llamativo, como un pañuelo rojo brillante anudado al cuello, una joya insólita o un libro de titulo provocativo, como por ejemplo éste, no pasa desapercibido para los demás.

La idea es hacerse bien visible y lucir con garbo aquellos objetos que nos gustan y que reflejan nuestra personalidad; úsalos con orgullo y puede que te conviertan en un seductor irresistible.

Un ejemplo. En 1924, Conrad Hilton, el fundador de la cadena de hoteles Hilton, se enamoró del gorro rojo que llevaba una señora que estaba sentada cinco hileras por delante de él en misa. Al salir de la iglesia, siguió al gorro rojo por la calle y, casualmente, acabó casándose con la señora que lo llevaba puesto

¿Qué es lo que hace que un cebo para seducir funcione? En primer lugar, llama la atención; pero además sirve como señuelo para desviar el interés de la seducción misma.

El cebo de Elena –un ancho y antiguo anillo de plata– es un ejemplo excelente. Llama tanto la atención que gracias a él ha sido interrogada: «¿Es auténtico?» «¿Dónde lo compraste?»; admirada: «¡Es realmente precioso!»; y hasta le ha convertido en el objeto de muchas bromas simpáticas: «Ya veo que llevas siempre un arma en tu mano para defenderte». También permite a muchas personas tímidas hacer algo que de otra forma nunca harían: expresar su interés por ella a través de su interés por su objeto.

Tu viejo sombrero, tu libro de poesías o ese antiguo colgante que heredaste de tu abuela puede parecer que no son gran cosa, pero son estos pequeños detalles precisamente los que te distinguen y dan a los demás ocasión de comentar algo sobre ti. Y eso ayuda a los más tímidos a sentirse más seguros mientras intentan conocerte un poco mejor.

Las guías son cebos eficaces incluso si estás en tu propia ciudad, ya que te ofrecen la oportunidad de preguntar cómo llegar a cualquier calle si se te cruza en el camino una persona interesante... Pero si realmente quieres llamar la atención lleva el libro que ahora tienes en las manos: no sólo enviarás el mensaje de que estás interesado en mejorar tu habilidad para relacionarte, sino que además mostrarás con toda claridad que estás abierta a conocer gente interesante.

Y ahora una advertencia sobre los señuelos poco apropiados: Antonio se presentó a una reunión de antiguos alumnos con una camiseta que decía: «Hombre sexy. Acércate. Razón aquí». Aquello echó atrás a todas las mujeres que estaban en la sala. Y es que los reclamos descaradamente sexuales son una verdadera equivocación. Permitiendo que una camiseta provocativa o un cartelito hablen por ti estarás mostrando una mentalidad adolescente; un sentido del humor demasiado infantil y puede que incluso la imagen de un desesperado sexual. En pocas palabras, en lugar de señuelos para seducir son «muletas» para un ego herido. En estos tiempos los señuelos para seducir deben ser los equivalentes modernos de los pañuelos que se dejaban caer o de los insinuantes abanicos del pasado. Escoge el tuyo con cuidado, exhíbelo con cierta arrogancia y mientras esperas la respuesta, lee la regla siguiente. ¡Vas a necesitarla!

Hazte visible

Cualquier objeto visible y que merezca un comentario hará surgir alguna observación con cualquiera que te encuentres. Por ejemplo, una vez me torcí un tobillo y me pusieron una escayola. No puedes imaginar el partido que conseguí sacarle durante meses; no sólo era un pretexto perfecto para iniciar una conversación (los hombres no pueden resistirse a preguntarte cómo te lo hiciste), sino que también me permitió mantener las conversaciones añadiéndole a mi historia pequeños toques de humor y algunas anécdotas que la enriquecieron. Como puedes ver incluso algo negativo puede servir para iniciar una conversación siempre que no lo utilices para quejarte.

Hazte visible. Llama la atención de forma agradable. La originalidad tiene una importancia vital para todo maestro de la seducción. Hipnotiza a la gente con tu forma de vestir, con tus complementos originales (un colgante llamativo, un bolso peculiar...). Sé imaginativo con tu atuendo y tu actitud. Utiliza tu creatividad para ofrecer una imagen muy personal que muestre a los demás que sin duda eres una persona muy especial.

Capítulo 5

Mantente receptivo

Volvía de camino a casa después de una noche de diversión con mis amigas cuando un joven muy atractivo me detuvo en plena calle para preguntarme cómo podía llegar a un pub cercano. Casualmente era del lugar del que yo venía. En otras circunstancias le habría indicado sin más y me habría ido a mi casa, pero había algo en aquel chico y en la forma tan educada de preguntarme que me cautivó. Me ofrecí a acompañarle, naturalmente dando un largo rodeo para alargar el camino. Una vez allí insistió en invitarme a tomar algo como agradecimiento. Le dije que estaba muy cansada y que tenía que madrugar, pero que aceptaba su invitación para la semana siguiente, en el mismo lugar y a la misma hora…

Durante aquella semana dudé mucho, al fin y al cabo no sabía nada de él y yo no acostumbraba a salir con extraños, pero me dejé llevar por mi intuición y por la buena impresión que me había causado aquella noche y… ¡Allí estaba esperándome a la semana siguiente!

Sara, 27 años, sobre cómo estar siempre en guardia

Adopta una actitud abierta

Conocer a nuestra pareja ideal, a un amigo del alma o a nuestro mejor confidente es algo que puede ocurrir en cualquier momento si adoptamos una actitud receptiva y abierta.

En el caso de nuestra media naranja, para encontrar a la persona adecuada es preciso conocer a bastante gente primero. Cuantas más personas vayas conociendo mayores serán las posibilidades de descubrir a la más adecuada para ti. Así que no te limites exclusivamente a las personas que te deslumbran desde el primer instante por su apariencia o carisma, y acércate también a aquellas que, aunque no te parezcan tan atractivas, pueden tener mucho que aportarte si las conoces mejor.

Olvídate de buscar personas exactas a ti. Podemos encontrar gente interesante y agradable con personalidades muy distintas a la nuestra. La amistad es un forma de relación desinteresada; ofrece lo mejor de ti, y tendrás la mejor respuesta por parte de los demás.

A veces, estamos tan obsesionados en cómo, cuándo y dónde relacionarnos con los demás, que no somos capaces de considerar la posibilidad de que quizá los demás estén tratando desesperadamente de relacionarse con nosotros. Y sólo hay una cosa más agradable que seducir: ser seducido. Entonces, ¿por qué nos les dejamos a estos posibles interesados un poco de espacio?

Primero, sepárate un poco de tus viejos amigos para que puedan llegar nuevos conocidos. Acudir a una fiesta acompañado te asegura a alguien con quien hablar, pero si te atas demasiado a los amigos de siempre continuarás siendo una desconocida para todos los desconocidos atractivos a los que les encantaría conocerte mejor.

Muchos hombres se quejan de que en las fiestas no consiguen separar a la chica que les gusta de sus amigas. Si no puedes sentirte cómoda estando sola, intenta separarte de tus amigas al menos de vez en cuando para mezclarte con los invitados que no conoces. Esto le dará la oportunidad a alguien interesado en ti de acercarse sin sentirse vigilado y sin preocuparse de que tus amigas se sientan agraviadas. Si se te acerca algún hombre que no te interesa en absoluto por el motivo que sea, acuerda con tus amigas un sistema de señales para que puedan venir a rescatarte en el momento oportuno. Una seductora muy inteligente que conozco les dijo a sus amigas que si las miraba y luego se llevaba la mano al cuello, eso quería decir que todo iba bien y debían dejarla sola. Pero si veían que se tocaba los pendientes es que estaba en dificultades y debían acudir inmediatamente en su ayuda.

Puedes también acordar encontrarte con tus amigas a una hora determinada para decidir si os quedáis o si os vais juntas a casa.

Sé espontáneo

Ser espontáneo significa ser abierto y receptivo a la vida; siempre al acecho de nuevas experiencias, frescas e inesperadas. Se trata de vivir relajadamente manteniendo nuestras relaciones burbujeando de excitación, sin preocuparnos tanto por la opinión de los demás. Ser receptivo consiste en liberar nuestro lado más espontáneo, disfrutando de cada instante sin miedo a las consecuencias.

En el momento de la seducción, algunas personas se lo toman demasiado en serio y se preocupan constantemente por no parecer tontos o ridículos; les importa demasiado cómo les verán los demás y no pueden relajarse. La ansiedad y la rigidez se instalan y pierden la capacidad de jugar y el entusiasmo propio del juego de la seducción. Les falta la ligereza que poseen las personas cuando no se preocupan por impresionar a otros.

Cuando eres espontáneo también eres capaz de:

◆ **Reaccionar con rapidez.** Eres capaz de actuar y hablar libremente de un modo instintivo y sin esfuerzo. Lo cual te lleva a sacar lo mejor de ti, sin reprimir tus ideas o sentimientos. Eso te hace parecer encantador, siempre a punto con una frase oportuna o una respuesta ocurrente.

◆ **Arriesgarte.** No tienes miedo a arriesgarte porque sabes que el único riesgo verdadero consiste en no actuar. Tratar de seducir a alguien comporta el riesgo de no conseguirlo, pero sin nunca lo intentamos, jamás sabremos si podríamos haber conquistado a esa persona que tanto nos gustaba. Aunque el rechazo nunca es agradable, es peor sentirse mal con uno mismo por no haberlo intentado.

◆ **Disculparte y comprenderte.** Eres consciente de que la espontaneidad comporta el riesgo a ser inoportuno, pero no estás dispuesto a renunciar a ser espontáneo y despreocupado. Con esta disposición mental, ya no te quedarás petrificado en las situaciones sociales intimidatorias. Sabrás que aunque cometas un error, extraerás algo valioso de la experiencia y estarás más cerca de conseguir tus objetivos amorosos y de seducción.

◆ **Ser creativo.** La espontaneidad te hace libre para explorar nuevas estrategias de conversación, nuevas personas, nuevas actividades, porque ansías la creatividad, la novedad, el placer de escapar de lo cotidiano y hacer algo diferente.

Cuando dominas tu lado más espontáneo eres capaz de conversar de un modo fluido y natural, ofrecer o aceptar una invitación de un modo agradable e irte amablemente en el momento adecuado. Te sientes libre para expresar lo que quieres y a tu modo, porque controlas la situación, sea cual sea tu interlocutor o el entorno.

Personas auténticas

Ser espontáneo no significa no ser amable y prudente con nuestras palabras. Las personas espontáneas pueden seguir siendo tranquilas, modestas y sensibles. Su espontaneidad proviene de su capacidad para ser auténticas al cien por cien, para fluir libremente y estar presentes en todo lo que hacen, ya sea hablar, bailar o sacar al perro a pasear.

Toma la iniciativa

Ha llegado el momento de planear una seducción aún más exitosa. Si tienes una tarjeta de visita con tu número de teléfono, empieza por llevarla siempre contigo. Puedes echar mano de ella en ocasiones especiales; si le das a alguien tu número de teléfono, en seguida comprenderá que le has elegido para que forme parte de tu vida más privada. Sin embargo, no corras el riesgo de dar demasiadas señas de tu vida si no tienes una mínima garantía de cómo es esa persona; espera a conocerla mejor, ya que podrías llevarte algún disgusto si resulta ser un pesado insistente del que luego no te puedas deshacer.

Una cosa más: si ya has sido afortunado y te estás preguntando dónde ir con esa persona tan interesante que has conocido, toma nota de lo siguiente: quedar para tomar un café o un refresco produce más confianza que ir a tomar una copa; nunca debes hablar de lo que no entiendes y no caigas en el error de hacer lo que no te gustaría que te hicieran (como llegar tarde, ser descortés o impertinente…).

Si cenar te parece demasiado íntimo para una primera velada, comienza con un almuerzo. Las citas durante el día son amistosas y sin pretensiones; puedes conocer a alguien y comer con él sin preocuparte por el beso de buenas noches… Y lo mejor de todo: las comidas de mediodía son rápidas; si la cita va bien, os despediréis llenos de interés el uno por el otro; pero si no te acaba de gustar, puedes emprender una prudente retirada sin resultar grosero.

Acércate a los demás. De esta manera no sólo podrás ampliar tu red de conocidos, sino que podrás también poner en práctica tus habilidades sociales y aumentar el número de personas entre las cuales seleccionar a un amigo especial o un posible amor.

La amistad con el sexo opuesto

Aunque tu objetivo más inmediato sea encontrar pareja, nunca desperdicies una amistad del sexo opuesto. Recuerda que los conocidos pueden convertirse en amigos, y las amigos tienen otros amigos que os pueden presentar. Trabajar en cadena y seducir son dos cosas compatibles. Los contactos que nos llegan a través del amigo de un amigo a menudo nos ofrecen un nuevo romance. No te pongas límites. Permanece abierto a las insinuaciones de los demás. Nunca se sabe quién puede abrirte una puerta importante para tu vida.

Además, son muchos los beneficios de tener amigos del sexo opuesto. Si eres hombre encontrarás en la amistad femenina la posibilidad de hablar de aquellos temas de los que no te atreves a tocar con otros hombres (sobre todo los referentes a sentimientos), aprenderás a conocer mejor a las mujeres y conseguirás consuelo y comprensión en los momentos difíciles; las mujeres suelen ser más compasivas cuando uno se siente mal y acostumbran a escuchar con más interés. Además, consideran que algunas debilidades no deben servir para mortificarse o avergonzarse.

Las mujeres también encontramos muchas ventajas en la amistad masculina. Aprendemos de temas que no son del dominio de la mayoría de las mujeres, nos sentimos apoyadas por una presencia masculina más protectora, y conocemos el punto de vista de los hombres; más enfocado a la utilidad de las cosas.

Ejercicio

Despierta tu lado más espontáneo

Este ejercicio te ayudará a usar las herramientas de tu yo espontáneo para adquirir seguridad y autoconfianza en la seducción.

◆ Recuerda algún momento en el que te sentiste encantador, atractivo e irresistible. Quizá aquella noche que saliste con tus amigos y te convertiste en el alma de la fiesta, o esa ocasión inolvidable en la que te citaste con la persona de tus sueños. Te divertías tanto... Todo te salía bien y rezumabas atractivo sexual y romántico.

◆ Si no puedes recordar un momento así (o no lo has vivido) imagínatelo y visualiza esa situación hasta que te sientas cómodo en ella. Puedes inspirarte en algún personaje de película; alguien que represente la seguridad, la gracia y el carisma del buen seductor. Imagina que eres esa persona y mírate a ti mismo como el tipo de persona que sabe cómo divertirse y sacar el máximo partido a cada situación.

◆ Haz una descripción completa de tu personaje: cómo es su risa, su voz, qué perfume usa, cómo viste, qué cosas le gustan. Diviértete mientras trabajas en ello. Se trata de crear un personaje que te inspire y te dé fuerza en aquellos momentos en los que tu yo más introvertido frena a tu yo espontáneo y seductor.

◆ Cuando estés en una situación social que te intimide piensa en este personaje, visualízalo emergiendo desde dentro de ti, adueñándose de tu cuerpo, emociones y alma.

Al hacerlo experimentarás una notable transformación. Tu postura se hará más firme, tu voz sonará mejor, y tu estado de ánimo y autoconfianza crecerán.

Capítulo 6

Controla tu timidez

Antes pensaba que mi timidez me impediría salir con alguien y que las chicas nunca se interesarían por mí. Pero Verónica, sin saberlo, me hizo cambiar de idea. Un día, mientras desayunaba en la cafetería de la facultad, oí que alguien mencionaba mi nombre en la mesa de al lado. Ambas mesas estaban separadas por una columna así que pude oír la conversación sin ser descubierto. Verónica comentaba a sus amigas: «Me encanta Raúl, es taaan dulce... ya no hay chicos como él, tan tiernos y tímidos. El otro día le pedí unos apuntes y ¿sabéis que? Se puso rojo como un tomate. Un día de estos os juro que me lanzo y le invito a salir. Le encuentro monísimo».

Raúl, *28 años, un seductor tímido monísimo*

La experiencia de Raúl demuestra que una actitud algo introvertida a la hora de relacionarnos no es preocupante; un carácter tímido puede ser muy atractivo si lo sabes explotar de manera que resulte encantador y sensible. Y... ¿quién no es tímido cuando se trata de seducir? Además, ser reservado te permite ser prudente y reflexionar antes de exteriorizar tus pensamientos o sentimientos, y observar el comportamiento de los demás antes de actuar.

Una personalidad tímida resulta seductora cuando percibimos a la persona como un ser sensible, delicado, considerado... Sin embargo, cuando la timidez se convierte en algo enfermizo que nos paraliza y dificulta la relación con los demás, hemos de procurar controlarla.

En una sociedad como la nuestra que sobrevalora la competitividad, el tímido es visto a menudo como alguien vulnerable con pocas posibilidades de promocionarse y triunfar en el ámbito laboral y social. En cambio, la figura del triunfador se identifica con la persona extrovertida y decidida, con grandes dotes de comunicador, capaz de conseguir todo lo que se propone.

Sin embargo, esto no tiene por qué ser así, la timidez también puede convertirse en el don de la prudencia, la sensibilidad, la cortesía; y hacerte muy deseable a ojos de los demás. Bastará con que aprendas a sacarle partido a todo el potencial y encanto de tu personalidad tímida y consigas relacionarte sin miedo al rechazo.

Mejora tus relaciones

El hecho de apartarse de los grupos y de evitar conocer gente nueva supone el inicio de una pendiente en la que aparecen pronto la soledad y el sentimiento de exclusión.

Para el tímido no es fácil hacer amigos, ya que se inhibe en las relaciones sociales y le cuesta expresar sus pensamientos y emociones. Teme constantemente que los demás le juzguen mal y a menudo es víctima de su propia autocrítica; actitud que le hace estar siempre a la defensiva, dudando de si ha sido oportuno lo que ha dicho, si le miran mal, si no le saludan... La idea de que todos le observan refuerza su baja autoestima y su visión distorsionada de la realidad. El pánico que siente a hacer el ridículo o a ser herido hace que se proteja detrás del silencio y la soledad. Sin embargo, para romper la barrera del aislamiento y corregir la timidez es necesario dar la cara y combatir esas situaciones que nos resultan difíciles de afrontar: como reuniones de trabajo, conversaciones con desconocidos, fiestas... Al ir superando estas pruebas e ir ganando poco a poco terreno a la timidez nuestro malestar va disminuyendo y vamos ganando confianza.

En la vida social, el culto por la imagen y la idea de que para tener éxito es necesario someterse a la moda y ser muy extrovertido ha desarrollado, en muchas personas, un sentimiento de inseguridad. Los recursos tecnológicos de nuestra época (como internet o la telefonía móvil), también facilitan el hecho de que nos escondamos sin tener que dar la cara y sin tener que enfrentarnos a nuestros problemas de comunicación; al fin y al cabo todo puede solucionarse en menos de un minuto sin que afecte a nuestro aislamiento.

Existen muchos grados de timidez; no todos la vivimos de igual manera ni nos afecta en las mismas circunstancias. Hay personas que tienen dificultad para enfrentarse a situaciones concretas, como hablar en público; en cambio, otras sólo pueden hablar relajadamente con quienes son de su total confianza. Sin embargo, expresar nuestras opiniones y hablar de nuestros sentimientos es necesario para acercarnos a los demás y relacionarnos de un modo sincero y personal.

Se trata de relajarnos y mantener una actitud positiva, evitando la autocrítica y los pensamientos irreales sobre lo que los demás pueden pensar sobre nosotros.

No te escondas

Las personas tímidas suelen sentirse incómodas en las reuniones sociales y acostumbran a permanecer poco rato en ellas.

No se dan el tiempo suficiente para sentirse a gusto y conocer gente, y utilizan cualquier escusa para desaparecer rápidamente de esas situaciones que les intimidan y les llenan de angustia. Como resultado la gente no tiene oportunidad de conocerlas.

Un buen método para superar nuestra timidez social es practicar la permanencia. Consiste en obligarte a quedarte un poco más en esas situaciones en las que tienes ganas de salir corriendo. Si se trata de una comida, esfuérzate por quedarte al menos hasta después del postre. En un baile, imita a la cenicienta y no te vayas antes de la medianoche.

Para superar la timidez, el primer paso es reflexionar sobre las situaciones que tratamos de evitar por miedo a enfrentarnos a ellas. Comprobaremos que el hecho de ser tímidos nos aleja de gran cantidad de experiencias gratificantes y estimulantes que están a nuestro alcance, pero que, debido a nuestros pensamientos irreales y miedos irracionales, apartamos de nuestra vida. Se trata de eliminar ese miedo que te paraliza y te retrae sobre ti mismo y empezar a llenarte de autoestima y confianza. Tu timidez irá disminuyendo y la imagen distorsionada que tenías sobre ti se transformará en la de una persona sociable, seductora, apreciada por sus amigos, capaz de expresar lo que siente y de comunicar sus opiniones.

Trucos antitimidez

Si la timidez interfiere en tu vida cotidiana impidiendo que te relaciones con los demás de una forma natural, o te causa malestar y ansiedad ante situaciones sociales a las que te cuesta enfrentarte, ha llegado el momento de decir adiós a tus miedos.

- ◆ No disimules tu timidez. Si notas que te ruborizas o te tiemblan las piernas, díselo tranquilamente a tu interlocutor. Al hacerle partícipe de tus nervios aliviarás la tensión, te relajarás de inmediato y tu sinceridad será entendida y agradecida.

◆ Cuando notes que aparecen los síntomas propios de la timidez (rubor en las mejillas, sudor frío, temblor en la voz…), trata de relajarte: cuenta interiormente hasta diez, respira profundamente unas tres veces o bien repítete mentalmente frases positivas que te den confianza: «Lo voy a hacer bien« o «Estoy capacitado para superar esta situación».

◆ No trates de controlar el rubor o la sudoración que te advierten de un estado de nerviosismo. Si lo haces, probablemente conseguirás el efecto contrario y aumentarán su intensidad.

◆ Prepárate ante las situaciones que te preocupan, Si quieres invitar al cine a ese chico/a que tanto te gusta, ponte a prueba delante de algún amigo o practica tu comportamiento frente al espejo en voz alta hasta que tu voz suene confiadamente seductora.

◆ Haz una lista de las situaciones que más timidez te producen y ordénalas de menor a mayor, según la intensidad con la que te afectan. Trata de enfrentarte a ellas poco a poco. A medida que vayas superando estas pruebas te sentirás mejor, ganarás confianza, y empezarás a atraer hacia ti (como si fueras un potente imán) grandes amistades e interesantes romances.

Salir airoso

Para ganar confianza y salir airoso de esas situaciones en las que la timidez te paraliza, el primer paso es reconocer tu temor y enfrentarte a él con calma, anticipándote al momento y preparando algunas técnicas que te infundan valor y te ayuden a superarlo.

Situaciones que nos preocupan...

◆ Si has quedado con alguien que te gusta pero que apenas conoces y temes que la temida timidez te haga quedar mal, prepárate para la ocasión: ponte ropa cómoda que te haga sentir seguro y a gusto contigo mismo, piensa un par de temas interesantes de los que puedas hablar con confianza ¡y relájate!... recuerda que se trata de pasar un rato agradable, no de sufrir.

◆ Si un cumplido te sonroja, sonríe y agradécelo con naturalidad. El rubor es muy humano y puede resultar encantador si evitas bajar la cabeza o disimularlo con torpes palabras.

◆ En una reunión de trabajo, trata de llegar unos minutos antes para elegir una buena posición y ensayar la jugada. Siéntate en un lugar que te permita ver a todos tus compañeros pero sin ser el centro de atención. Evita esconderte o mantener la mirada fija en tu bloc de notas. Si tienes alguna propuesta interesante, no permitas que la timidez te impida expresarla. ¡Tú vales mucho! y no hay razón para evitar que los demás lo sepan.

◆ Si te han invitado a una fiesta, trata de no llegar solo, quedar con alguien que conozcas te dará seguridad y hará que no te sientas incómodo al principio. Pero una vez allí, muéstrate sociable y no te cierres a conocer gente nueva. Si te presentan a alguien, deja que sea él quien inicie la conversación, relájate y expresa naturalmente tus opiniones y sentimientos al respecto.

Ejercicio

Relájate
Cuando tengas que enfrentarte a alguna situación que te asuste o te producta inhibición, antes de salir de casa, realiza el siguiente ejercicio:

◆ Túmbate en el suelo, boca arriba, con los ojos cerrados. Imagina que el suelo se ha convertido en una suave alfombra de algodón. Siente como te hundes en él mientras el cálido algodón absorbe tu estrés y te vas sintiendo cómodo y relajado.

◆ Nota como tu cuerpo y tu mente se van relajando poco a poco. Déjate ir y siente la paz, la tranquilidad y la seguridad que se respiran en este santuario de algodón.

◆ Imagina que el algodón te envuelve como una cubierta protectora que va contigo a donde quiera que vas.

◆ Sea cual sea la situación en la que te encuentres, sentirás el calor y la relajación producidas por este capullo que te blinda contra el estrés y la tensión del mundo social.

Normas básicas de seducción

• ¡Sal de casa! Ver en la tele Pretty woman y vivir una historia de amor real no son comparables.

• Escribe una lista amplia y variada de hobbies y cosas que te interesen. Conviértete en un seductor «renacentista».

• Busca un señuelo para seducir; algo que sugiera que eres único y que al mismo tiempo no resulte agresivo.

• No te dejes llevar por tu obsesión de seducir. Déjate guiar por tus dotes y por las cosas que te interesan.

• A veces es necesaria una pequeña estrategia para ayudar a que surja la ocasión propicia. Si un encuentro no se produce, provócalo.

• Cualquier lugar puede ser bueno para conocer a alguien. Consigue que el sitio en el que estás te sea propicio.

• Mantente abierto y asequible; incluso si la persona que se te acerca no es tu tipo. Quizá se convierta en un buen amigo.

• Nunca conseguirás conocer a nadie especial mientras no te decidas a moverte sin tus amistades. Si superas el miedo inicial, conseguirás atraer a gente interesante.

• Toma la iniciativa: los demás también son tímidos.

Capítulo 7

Interésate
por los demás

Leo es mi mejor amiga porque siempre está ahí para ayudarme, para aconsejarme, para reírse conmigo de cualquier cosa. En ocasiones sólo con mirarnos ya sabemos lo que piensa la otra... Pero Leo tiene montones de amigos porque es así con todo el mundo, se interesa por los demás, sabe escuchar, es generosa y muy divertida. Y siempre tiene una palabra de ánimo en los momentos bajos.

Marta, *30 años, amiga de Leo,*
amiga de todo el mundo

Atraer no es más que acercarse a otras personas para intentar conocerlas mejor. Se trata de mostrar un interés sincero y contactar amablemente con la persona de la que nos interesa su amistad o su atención amorosa.

La manera más sencilla de gustar a los demás y hacer amigos es interesarse por ellos... Si nos limitamos a tratar de impresionar a la gente para captar su interés hacia nosotros, sin mostrar un interés sincero por ella, jamás tendremos amigos de verdad.

Porque sólo si eres consciente de los sentimientos y deseos de los demás, serás capaz de extraer lo más interesante y vital de todas las personas que conozcas. Y eso te convertirá a ti también en una persona interesante y encantadora para los demás.

Las personas que han entendido esto van por el mundo con ojos rebosantes de vida, sonrisas radiantes y esa misteriosa habilidad de penetrar en las personas para extraer lo mejor que hay en ellas.

Conectar con los demás implica ponerse en el lugar de los otros, tratar de entender lo que nos transmiten e intentar que se sientan comprendidos de una manera especial y única. ¿Cuántas veces has estado preocupado por algo y ha aparecido una persona que simplemente con una palabra, un gesto o una mirada de cariño ha conseguido que te sientas mejor al instante? Su facilidad para conectar contigo y sintonizar con tus sentimientos ha hecho que te abras a ella y la percibas como un amigo.

Desarrolla tu empatía

La empatía es la capacidad de entender a los demás, poniéndonos en su lugar y conectando con sus pensamientos y emociones ¿Se te ocurre una manera mejor de resultar encantador? Aunque esto no siempre resulta fácil –bastante complicado es a veces entendernos a nosotros mismos– es una herramienta muy seductora y de gran valía en nuestras relaciones personales. Se trata de captar los mensajes verbales y corporales que la otra persona nos intenta transmitir. Desarrollando tu empatía no sólo conseguirás establecer relaciones profundas con tus amigos, también aumentarás tu capacidad para atraer y conocer gente nueva y conectar fácilmente con ella.

Interesándote por los demás mejorarás tu comunicación con los que te rodean y aprenderás a aceptar las críticas y puntos de vista diferentes de una manera natural. Se trata de ser tolerante y escuchar sin prejuicios lo que los demás nos dicen.

La empatía es una cualidad que puedes desarrollar y potenciar evitando algunos errores a la hora de relacionarte como: quitar importancia a las preocupaciones ajenas ridiculizando sus sentimientos, o escuchar con prejuicios dejando que nuestras ideas y creencias influyan a la hora de interpretar lo que les ocurre. También has de evitar frases del tipo: «Lo que has hecho ha estado mal» o «Yo en tu lugar hubiera…» ya que lo único que consiguen es bloquear la comunicación, potenciar los remordimientos y hacerle sentir mal.

Escuchar con la mente abierta y sin prejuicios, implica demostrar interés por lo que te están contando, evitando interrumpir o dar demasiados consejos.

Sin embargo, para sintonizar con los demás es importante que primero conectes contigo mismo. Sólo si te comprendes y aceptas a ti mismo, conseguirás la motivación necesaria para comprender a los demás como merecen.

La amistad es un bien que debes cultivar con cariño ya que es una forma de relación que te permitirá ser tú mismo en compañía. Amigos son las personas con las que sentimos afinidad de cualquier tipo: pueden unirnos nuestras aficiones, inquietudes, sentido del humor… Al compartir actividades o intereses, gradualmente ganamos confianza y afecto y así los conocidos acaban convirtiéndose en piezas claves en nuestra vida.

Sin embargo, existen diferentes grados de amistad; no podemos pretender que todas nuestras relaciones alcancen la misma profundidad. Para valorar todas las amistades que tienes es fundamental que aprecies lo positivo que te aporta cada una de ellas, sin exigencias y sin compararlas entre sí. Con unas nos sentiremos cómodos hablando, otras nos darán su cariño o nos harán reír, y quizá de aquella amistad tan especial esperemos un cálido romance.

Para ampliar tu círculo de amigos y cuidar los que ya tienes deberás ofrecer lo mejor de ti... Siguiendo algunas de las sugerencias que te propongo a continuación, puede que te conviertas en el mejor amigo para cualquiera.

Amplía tu círculo de amigos

La mayoría de las amistades nacen de un nexo común: ser compañeros de trabajo, vecinos, asistir a las mismas clases, tener amigos comunes... y van derivando en afecto, confianza y lealtad. Aunque debemos procurar cuidar y mejorar a nuestros amigos de siempre, nunca es tarde para hacer nuevas amistades.

En realidad, pasamos toda la vida conociendo personas, lo que sucede es que no nos acercamos a ellas lo suficiente para entablar amistades. Hay personas que parecen tener un don especial para hacer amigos. Las admiramos y envidiamos poque conectan y se llevan bien con todo el mundo; pero lo único que les diferencia del resto es que aplican las estrategias de conducta apropiadas.

- ◆ **Saluda a los demás con animación y entusiasmo.** No temas decir «Hola». Es un saludo sencillo, pero te ayudará a ser más abierto y amigable con la gente. Además quienes te ven con regularidad empezarán a sentirse cómodos contigo y terminarán por mostrarse igual de sociables.
- ◆ **Aprende a buscar amigos auténticos.** No pierdas el tiempo con personas que no te gustan o no te aportan nada, ya que lo único que conseguirás es sentirte mal acompañado y tener la sensación de perder el tiempo. Está bien que trates de ampliar tu círculo de amigos, pero no a cualquier precio. Sé selectivo ¿acaso no sabes lo que te gusta y lo que no? Pues ve a por ello. No desperdicies la oportunidad de hacer nuevas e

interesantes amistades, pero si ves que no funciona, no te sientas obligado a mantener esa «amistad».

♦ **Adopta una actitud receptiva.** Cualquier persona que te cae bien puede ser un amigo potencial si te acercas a él y te das la oportunidad de conocerlo bien.

♦ **Sé tolerante.** Una buena táctica para tener amigos es aceptar a cada persona como es. Cuanto más tolerante y comprensivo seas, más amigos tendrás y mejor te sentirás en compañía.

♦ **Respeta la vida privada** de las personas con las que te relaciones. No trates de que te cuenten toda su vida nada más conocerles, podrías agobiarles. Muéstrate cordial, amable y receptivo; la amistad es un regalo que llega con el tiempo y requiere cuidados y atención.

Encontrar afinidades

Toda atracción comienza con un interés. Preguntar, interesarse por las aficiones del otro nos servirá para encontrar afinidades o puntos de conexión.

Montse se sintió enseguida atraída por Albert, un joven que estaba totalmente prendado de la fotografía.

Sabía lo mucho que le apasionaba la fotografía, siempre andaba con su cámara colgada al cuello fotografiando cualquier cosa que se le cruzaba por delante. Pensé que una manera de acercarme a él era compartiendo su afición, pero me resultaba muy difícil fingir un interés que no sentía.

La perspicaz Montse se dio cuenta de que nunca conseguiría hacer preguntas interesantes acerca de la abertura del diafragma, los filtros o los grandes angulares. Eran cosas que no le preocupaban en absoluto. Así que, en lugar de centrarse en los aspectos técnicos, focalizó su atención en el aspecto personal y utilizó la fotografía como un apoyo para su incipiente romance. Empezó a preguntarle a Albert cómo se inició en la fotografía; cómo se sentía haciendo fotos; qué temas le interesaban más; cómo le afectaban sus emociones y estados de ánimo en los resultados que obtenía; etc. Aprovechó el elemento personal y humano que se escondía en la afición favorita de Albert y mientras el joven iba contestando a todo aquello, aquel hobbie tan solitario dejó de serlo, pues Montse empezó a acompañarlo en sus viajes para hacer fotos y Albert la fue haciendo partícipe de sus más íntimos pensamientos. El mensaje que Montse transmitía a Albert con su interés era: «Tu afición te hace especial, quiero compartirla contigo».

Cuida tus viejas amistades

La amistad es un bien muy valioso que debes tratar de conservar y mimar ofreciendo siempre lo mejor de ti. Muchísimas amistades se pierden por desinterés o falta de atención, sin embargo es mucho lo que recibiremos a cambio de dedicar algo de nuestro tiempo a nuestros amigos de siempre.

- ◆ **Dedícales tiempo y afecto.** Sólo así conseguirás que tus amigos se sientan queridos.
- ◆ **Sé paciente y comprensivo.** Si un amigo está pasando un mal momento y se muestra irritable o difícil, recuerda los motivos por los que sois amigos y trata de ayudarle en lo que puedas con afecto y comprensión.
- ◆ **No hurgues en sus heridas.** Todos arrastramos problemas o traumas que tocan nuestra fibra sensible. Si conoces los de tus amigos, respétalos y procura no echar sal en ellos.
- ◆ **Fuera comparaciones.** Nunca compitas con tus amigos. A nadie le gusta pensar que sus propios amigos le envidian en lugar de alegrarse por sus logros.

◆ **Preocúpate por ellos.** Aprende lo que es importante para tus amigos, lo que les hace felices, e interésate por ellos aunque tú no lo compartas.

◆ **Expresa tus sentimientos.** Si la relación falla, habla con tu amigo y exprésale con calma lo que sientes, evitando caer en descalificaciones, insultos o caras de desprecio. Se trata de que lleguéis a la raíz del problema y tratéis de solucionarlo, renovando la amistad y fortaleciéndola.

Capítulo 8

Aprende a escuchar

No soporto a la gente que asiente con la cabeza como si comprendiera durante toda una conversación mientras en realidad no escucha una palabra. Aparentan estar escuchando, pero su mente está en otra parte. Es una actitud que me provoca rechazo porque me hace sentir poco respetada, como si lo que yo dijera no tuviera ningún interés para esa persona.

Ana, *34 años, sobre el rechazo que generan*
las personas que no saben escuchar

Escucha de forma activa

A todos nos gusta que nos presten atención mientras hablamos, que se interesen por lo que estamos diciendo y que traten de entender cómo nos sentimos. Sin embargo, en ocasiones estamos tan ocupados oyendo lo que queremos oír que no escuchamos lo que realmente nos dicen, malinterpretamos las palabras del otro o desconectamos cuando la conversación deja de interesarnos.

Saber escuchar es sobre todo una actitud de respeto y consideración a los demás, que puede aprenderse y que mejora sustancialmente nuestra manera de relacionarnos.

Para establecer una comunicación franca y directa es fundamental que aprendas a escuchar y que demuestres así todo tu respeto por la persona a la que escuchas.

Pero ¿qué es la *escucha activa*? Pues, ante todo, un conjunto de técnicas y habilidades basadas en la convicción de que recibir información es tan importante para la comunicación como transmitirla. Si reconocemos este principio como una técnica de relación social, la escucha activa se convertirá en un recurso que nos permitirá salir airosos de cualquier situación. Su objetivo es doble: por un lado, hacer que los demás se sientan atendidos, escuchados, comprendidos y apreciados; por otro, convertirte en un oyente entusiasta y más sintonizado con el que habla.

La escucha activa es una técnica sencilla y sutil, pero sus resultados pueden transformar tu manera de coquetear, seducir y relacionarte. Y esto es así porque requiere que le transmitas a la persona que habla respeto y consideración, y porque permite obtener información sin que el otro se sienta presionado o invadido. Además, la escucha activa consigue que los demás se sientan a gusto a tu lado y les anima a que se abran contigo. De esta manera, conseguirás que te comuniquen sus ideas y sentimientos sin necesidad de hacer preguntas.

Prohibido interrumpir

Las interrupciones constantes en una conversación son muy molestas, ya que hacen que la persona que está hablando tenga que retomar el hilo continuamente. A veces, la necesidad de añadir o corregir algo a lo que nos están explicando hace que no prestemos la atención debida. Intercalamos opiniones o vivencias propias hasta que conseguimos desviar la conversación hacia nosotros. Se trata de una actitud egoísta, ya que preferimos escucharnos a nosotros mismos antes que a los demás y mostramos muy poco interés y respeto por esa persona.

Puedes asentir, cuestionar lo que te está diciendo o hacer algún comentario al respecto, pero nunca debes cambiar de tema cuando la otra persona te está contando algo y no ha acabado con su explicación.

En el caso de que te pierdas en una conversación, entonces si es mejor que interrumpas suavemente a la otra persona y le digas: «disculpa, he perdido el hilo de lo que decías». En este caso no debe preocuparte interrumpirla, ya que de lo que se trata es de que comprendas lo que te está explicando, Además, de esta manera le harás recapitular.

Escuchar de forma atractiva

Si quieres proyectar una personalidad del todo encantadora, prueba a escuchar de forma atractiva. Tan sólo es necesario que prestes atención a tu interlocutor y que tu expresión demuestre interés y curiosidad por lo que dice.

◆ Si te está explicando algo amable o gracioso, sonríele abiertamente, transmitirás el mensaje de que estás disfrutando con su compañía. Si se trata de un problema o un tema serio y lo que busca es tu comprensión, escúchale atentamente, acércate, cógele la mano… le harás sentir que sus problemas son importantes para ti.

◆ Adopta una postura relajada, échate hacia delante, mírale de forma suave (buscando el contacto ocular) y asiente con la cabeza para que sepa que le estás escuchando. Evita hábitos molestos como morderte el labio, juguetear con algún objeto o hacer ruiditos. Elimina también gestos que puedan hacerle pensar que te aburres o que no te interesa lo que te está contando como mirar el reloj, bostezar, desviar la mirada, interrumpirle…

◆ Escucha con la mente abierta y sin prejuicios. Si juzgamos a una persona en una conversación es que no sabemos escucharla, porque emitimos una opinión antes de que haya terminado de hablar.

◆ Sé tolerante. Quienes critican y juzgan al escuchar les cuesta más desarrollar una actitud empática. No te apresures a sacar conclusiones y escucha hasta el final. A nadie le gusta que otro termine la frase por él, no sólo porque es una falta de respeto sino porque las conclusiones a las que se llega de este modo son casi siempre equivocadas.

◆ Concéntrate en la conversación. Saber escuchar supone olvidarse de uno mismo, introducirse en la experiencia del otro y entender sus emociones. Así que procura olvidar tus propias preocupaciones y aleja aquellos pensamientos que puedan distraerte.

Las tres claves

Si lo que quieres es salir airoso de cualquier conversación por difícil o desigual que sea, tienes a tu disposición tres claves que te harán parecer un oyente activo y atractivo. Son las siguientes:

1. **Repetir** lo que dice la otra persona pero dirigido a ella.
2. **Parafrasear** sus afirmaciones con otras palabras.
3. **Reflejar tu atención** en quien está hablando.

Esta técnica funciona especialmente con los seductores novatos; no sólo porque es fácil de usar, sino porque es un método universal e infalible. Simplemente repitiendo y parafraseando lo que dice la otra persona puedes hacer que quien habla se sienta valorado y desee llegar más lejos. Reflejando en tu actitud que prestas atención a las palabras del otro, lo animarás a revelar más y más sobre sí mismo. De esa forma podrás adivinar las necesidades y deseos que se ocultan tras sus opiniones.

Por supuesto que no tienes que estar de acuerdo con todo lo que diga tu interlocutor; sólo se trata de que se sienta escuchado y valorado. Los hombres y mujeres que dicen a todo que sí son demasiado suaves para ser buenos seductores. Valorar a una persona significa respetar su punto de vista, pero ello no implica que tengas que estar de acuerdo con él. Lo que realmente hace que alguien se sienta aceptado es saber que es escuchado. Al repetir, parafrasear y reflejar las palabras de otro, lo que en realidad le estás transmitiendo es: «Puede que no esté de acuerdo contigo, pero te estoy escuchando».

¿Estás escuchando?

Para averiguarlo, practica con alguien en casa. Escoge un asunto cualquiera y deja que tu amigo hable sin interrupciones durante cinco minutos; mientras te concentras en lo que está diciendo.

Luego, repítele lo que has oído: ¿Se siente comprendido, apreciado y valorado? ¿O quizá se sintió juzgado, presionado, amenazado e ignorado? Si esto último fue lo que sucedió, obviamente no captaste su mensaje. Y debes tener en cuenta que la gente que conoces siempre está intentando decirte algo. Ponte las pilas en el futuro y escucha de una forma activa. Seguro que muchas nuevas amistades te están esperando.

Mientras escuchas...

◆ Procura ser consciente de tu lenguaje corporal. Ten por seguro que los demás lo son.

◆ El espacio personal es eso, *personal*: no lo invadas.

◆ El contacto corporal tiene un enorme poder de comunicación: úsalo con prudencia.

◆ ¿Un apretón de manos en lugar de un beso? ¿Por qué no? Puede resultar igual de seductor...

- Hablar demasiado es un claro síntoma de que no estás escuchando.
- Utiliza las Tres Claves: Repetir, Parafrasear y Reflejar.
- Puedes aprender más en un minuto de silencio que en horas de charla insustancial.
- No te enfrentes al otro; ¡valóralo!
- Escuchar es un proceso activo. Si no pones de tu parte, no funciona.

Capítulo 9

Potencia tu sentido del humor

Para mí no hay nada más sexy que una chica con sentido del humor; y eso fue lo que me sedujo de Mónica, mi actual pareja. Después de mucho pensarlo, por fin me atreví a invitarla a tomar un café. Era nuestra primera cita. Aquella tarde, mientras cruzábamos el parque en dirección a la cafetería, una paloma (con posible descomposición) se desahogó sobre su radiante melena negra. Yo no pude disimular mi cara de espanto al contemplar como aquel líquido verde y viscoso resbalaba por su pelo; pero su reacción me sorprendió casi tanto como lo que estaba sucediendo: Mónica soltó una sonora carcajada. Su risa era tan contagiosa (y tan bonita), que al momento estábamos los dos riendo sin poder parar, mientras ella me confesaba entre risas que acababa de salir de la peluquería porque «quería impresionarme».

Juan, 25 años, sobre lo sexy que resulta el sentido del humor

«¿Crees en el amor a primera vista… o mejor me doy otra vuelta?». Si consigo arrancar una sonrisa a una mujer con esta frase, ya sé que tengo alguna posibilidad con ella y que tiene sentido del humor. Si responde con una gélida mirada… me largo de allí inmediatamente.

Javier, *30 años,*

El sentido del humor es una cualidad que resulta muy atractiva y seductora. No hay nada más simpático que ponerse como ejemplo en un chiste o en una situación divertida. Los demás se reirán contigo y tú aprenderás a no tomarte tan en serio.

Poner en tu vida un poco de humor consiste en ver el lado divertido de cualquier situación por seria o aburrida que parezca, en ser capaz de reírte de ti mismo y en superar las pequeñas contrariedades diarias relativizando la importancia de las cosas.

Con imaginación y una actitud predispuesta a pasarlo bien, podrás disfrutar de buen humor en cualquier momento y alegrar con tu presencia a cualquier persona.

No todos tenemos gracia para contar chistes, pero puedes practicar bromeando sobre situaciones cotidianas que todos conocemos, buscando el absurdo. Sin embargo, aprende a distinguir entre ser gracioso y ser pesado; quien no sabe cuando debe dejar de bromear, gasta bromas pesadas o utiliza la burla como humor, resulta muy cargante y desde luego nada atractivo.

La risa espontánea y la sonrisa amable son dos buenas armas de seducción que te harán más encantador e irresistible para cualquiera. Practícalas y el mundo se pondrá a tus pies.

El viento acaba de arrancarte las diez mil pesetas con las que ibas a pagar las entradas del concierto, o bailando con una joven que acabas de conocer le das un pisotón y ambos rodáis por el suelo… ¿Un desastre? ¡No! Este tipo de accidentes no tienen por qué serlo. Si tienes claro que eres humano y que, por tanto, puedes cometer errores, los que estén contigo se contagiarán y se sentirán más humanos, cómodos y relajados a tu lado. Y ésa es la base para una seducción existosa.

No me entiendas mal; no estoy sugiriendo que te caigas a propósito delante de esa persona que te gusta, pero si puedes usar el humor para salir de las pequeñas catástrofes que nos acechan a todos, demostrarás que es perfecto no ser tan perfecto. Y eso puede resultar muy atractivo para los que te rodean, que saben perfectamente que ellos tampoco lo son.

El mundo sonríe contigo

Sonreír no sólo es contagioso... ¡sienta de maravilla! Adorna tu cara con una amplia y fresca sonrisa y mostrarás una imagen rejuvenecida e iluminada de ti mismo. La sonrisa es una herramienta que nos permite trascender diferencias culturales; superar la timidez e incluso eliminar barreras de lenguaje sin necesidad de decir ni una palabra. Sonríe siempre a los demás como te gustaría que te sonrieran a ti.

Podría argumentarse que cualquier clase de sonrisa es mejor que un ceño fruncido, pero con una sonrisa poco sincera no conseguiremos engañar a nadie. La mayor parte de los seductores aprenden rápidamente que el arte de sonreír es algo más que enseñar los dientes al más puro estilo de anuncio de dentífricos. Así que, antes de exhibir tu sonrisa más seductora en público, te aconsejo que consultes a tu espejo de confianza.

Piensa en el mensaje que quieres transmitir y obséquiate a ti mismo con la más encantadora de tus sonrisas. ¿Tu expresión parece sincera o penosamente falsa? ¿Te favorece o te da un aspecto estúpido? ¿Tus labios se distienden con naturalidad o se quedan a medio camino en una espantosa mueca? Ahora, examina tus ojos: ¿Dan la impresión de estar también sonriendo o más bien parecen ávidos y un poco bizcos? Si no estás convencido, sigue practicando hasta que tu propia imagen te seduzca.

Ya sea por instinto o educación, un buen seductor sabe reconocer que las sonrisas son necesarias para gustar a los demás, ya que nos envuelven de amor y aceptación como una manta de seguridad. Cuando estás seduciendo tu objetivo es traspasar ese sentimiento de bienestar al otro; establecer un contacto humano sin necesidad de hablar y enviar el siguiente mensaje de calidez y amistad: «Me gustas. Haces que me sienta feliz. Me alegro de verte».

Buscando un modelo de sonrisa

Está claro que la sonrisa que más te favorece es la tuya, siempre que sea natural y sincera. Pero si quieres perfeccionar tu propio estilo, puedes tratar de imitar la sonrisa de alguien a quien admiras por su forma de sonreír.

Una forma de elegir tu mejor sonrisa es observar la de las personas que te rodean y te resultan agradables o investigar en diferentes revistas de moda, hasta que encuentres el modelo de sonrisa más atractiva y favorecedora para ti.

Otra manera es observando a tus actores favoritos. Alquila una película romántica; te recomiendo una antigua de aquellas en las que la expresión era lo más importante y el sexo se sugería con un fundido en negro ¿Cómo son sus sonrisas? ¿Qué te sugiere cada una de ellas? ¿Cómo cambian los actores sus expresiones cuando están seduciendo? Escoge la sonrisa que exprese con mayor exactitud lo que tú quieras transmitir, ponte ante el espejo y practícala hasta que consigas que esa expresión sea algo propio y se ajuste a tu rostro cómodamente.

No se trata de «fingir» o «actuar»; pero si quieres resultar encantador, te recomiendo que estudies la sonrisa que mejor te siente y seas consciente de las diferencias que existen entre una sonrisa franca y otra distante o fría.

El poder sensual de la risa

A todos nos gusta rodearnos de gente alegre cuyos estados de ánimo nos hacen sentir bien, relajados y contentos. La risa es, por tanto, una señal que nos atrae hacia personas con sentido del humor que alegran nuestra vida y nos ayudan a tomarnos los contratiempos de una manera sana y distendida.

Existen muchos tipos de risa, algunas más atractivas que otras, sin embargo la musicalidad de este espontáneo sonido cuando proviene de la persona que nos atrae nunca nos deja indiferentes. Julio, un romántico empedernido, define así sus sentimientos cuando escucha la risa de la persona a la que ama: «Es música para mis oídos. Cuando la escucho reír siento que el corazón me da una voltereta». Para Ana, la risa de un hombre «es lo que me acaba de seducir... Si es dulce y contagiosa, ya me tiene a sus pies».

Si tenemos además en cuenta que veinte segundos de risa equivalen a unos tres minutos de ejercicio constante y que las personas que ríen con facilidad son menos propensas a contraer enfermedades, la risa se convierte no sólo en una importante herramienta de seducción, sino en una gran aliada de nuestra salud. Cuando nos reímos el cuerpo segrega endorfinas, una sustancia natural que circula por el organismo provocando un estado de bienestar y efectos analgésicos y tranquilizantes.

Pon en tu cara una amplia sonrisa o una fresca carcajada y tendrá efectos sorprendentes y espectaculares; diversos estudios han demostrado que simplemente sonriendo nos sentiremos más felices.

No es de extrañar entonces, que los demás capten las buenas vibraciones que emitimos y se sientan atraídos por nosotros cuando nos reímos de forma natural, sintiéndonos a gusto, alegres y radiantes.

Capítulo 10

Tu cuerpo habla

Mi amiga Ángeles es capaz de ir a una fiesta en tejanos y con una camiseta de algodón, mientras el resto de mujeres van vestidas como si fuera fin de año, y en cuestión de minutos estar rodeada de hombres. Es algo en su manera de moverse y comportarse: segura, confiada, relajada... y en su forma de expresarse: con inteligencia y sentido del humor, lo que atrae de manera irresistible a todos. Cuando me siento insegura con respecto a alguna situación, trato de imaginar cómo reaccioaría ella con autoconfianza. Tomarla como modelo me ayuda a salir airosa de cualquier situación.

Estela, 29 años, amiga de Ángeles, una seductora
con confianza en sí misma

Transmite un mensaje de seguridad

Todos conocemos a gente con un magnetismo especial para atraer a los demás. Son seductores naturales cuyo encanto no suele pasar desapercibido para nadie. Se deslizan por la vida con soltura, hablan animadamente con unos y otros, su rostro siempre aparece iluminado con una sonrisa. Sus gestos y su cuerpo transmiten seguridad y autoconfianza...

Pues bien, fíjate en una de estas personas seductoras que conozcas y tómala como ejemplo. Observa con atención cómo se comporta: ¿suele estar estirada y tensa como un guardia de seguridad? ¡No! Se muestra flexible y relajada como si estuviese de acuerdo con el mundo ¿Acaso la has visto alguna vez encorvada o con los brazos apretados contra el pecho? ¡Nunca! Sus brazos están libres y sueltos para gesticular y su postura relajadamente erguida, pues sabe que esa actitud suelta y relajada es un poderoso imán que hará que los demás quieran revolotear a su alrededor.

Seducir y flirtear puede causar una cierta angustia; especialmente a los tímidos, pero la manera como pongas todo tu cuerpo cuando se presente una oportunidad tendrá mucho que ver con que consigas liberarte de esa angustia. Es muy importante que sepas mantener los nervios bajo control para que no influyan en el lenguaje corporal que debes usar.

En la próxima reunión social en la que te encuentres observa cuál es tu postura habitual: ¿Hay tensión en ella? ¿Te inclinas sin darte cuenta hacia el lado opuesto al que está la persona con la que hablas? Quizá en algún momento estés diciendo cosas interesantes, pero tu lenguaje corporal está expresando: «Soy una persona fría y distante. No intentes acercarte demasiado». ¿Y qué pasa si te sorprendes sentado con las piernas rígidamente cruzadas o con los brazos tensos y los hombros alzados? Entonces tu ansiedad resulta tan obvia como si llevaras un cartel que dijera: «Tengo miedo. No te acerques».

No es fácil adoptar una postura cómoda y relajada cuando notas tensión y rigidez. Te sugiero que si eres de los que en las fiestas se sientan en el borde de la silla, te pongas de pie y salgas a dar un paseo. Mientras caminas procura respirar varias veces muy profundamente. Si tienes tendencia a juguetear con las manos, busca algo que puedas agarrar, como un vaso o un canapé. Nunca cigarrillos, porque algunas personas pueden encontrarlo ofensivo o pensar que tu pantalla de humo no es más que expresión de tu deseo de esconderte.

Cuida tu aspecto y vigila tus gestos

¿Qué ven los desconocidos cuando te miran? Una cosa es segura: no ven una pizarra en blanco. De la cabeza a los pies, todo lo que llevas puesto y cada uno de los movimientos que realizas está telegrafiando cómo te relacionas contigo mismo y con el resto del mundo.

Tu cuerpo puede ser un buen comunicador de tus intenciones si dejas que se exprese libremente y evitas controlarlo con movimientos rígidos.

Quizá te preguntes si tu imagen es un reflejo real de tu actitud, emociones y deseos. Las sugerencias que vas a encontrar a continuación pueden ayudarte a descubrir si tu lenguaje corporal atrae o repele a los demás. Para causar buena impresión y mostrar tu lado más seductor es conveniente que cuides tu aspecto y sigas algunos de estos consejos.

Ofrece una buena imagen

Cuidar nuestro aspecto y ofrecer una imagen cuidada, limpia y agradable muestra la propia estima y el respeto por uno mismo.

Algunos gestos y expresiones reflejan estados de ánimo y características de la personalidad que, por su espontaneidad, son una pista muy fiable de la personas que tenemos delante. Conocer su significado nos ayudará no sólo a interpretar los gestos de los demás, sino también a adoptar aquellos que más nos convenga y no traicionen nuestra intención de parecer irresistibles. Sin embargo, hemos de tener en cuenta el contexto y el conjunto de gestos que se producen en una comunicación para entender su mensaje. Una ceja arqueada puede mostrarnos tanto interés como incredulidad; del mismo modo, taparse la boca al hablar, aunque es un signo propio de personas que mienten, puede ser también un gesto de timidez. En este caso, vendrá seguramente acompañado de otros gestos como rubor en las mejillas, no centrar la mirada, mantener la mandíbula tensa...

Las señales no verbales son más espontáneas y difíciles de disimular o fingir que las palabras, por eso has de tener en cuenta que tus gestos y movimientos, así como tu aspecto, dicen mucho de ti.

Manos

Las manos son muy visibles; así que procura llevar las uñas siempre cuidadas y limpias, y utiliza una crema hidratante ligeramente perfumada para suavizarlas y hacerlas agradables al tacto. Estrechar una mano seca y rasposa ofrece una primera impresión no demasiado buena.

En cuanto al lenguaje de las manos es importante que seas consciente de los mensajes que envías con gestos tan simples y cotidianos como mostrar las palmas hacia arriba, que indica sinceridad y lealtad; o cerrar los puños, que muestra irritación y enfado.

Evita esconder tus manos o brazos por detrás de la espalda o cruzarlos a la altura de la nuca, ya que la señal que envías es de exceso de seguridad o complejo de superioridad. Retorcerse las manos indica miedo, ansiedad o enfado. Un gesto muy recurrido consiste en apoyar la mejilla sobre un puño, esto transmite interés y ganas de encontrar soluciones; en cambio, apoyar la cara en las dos manos connota aburrimiento.

Postura

Aunque una espalda derecha es el sueño de todas las madres, lo cierto es que una pose escesivamente tiesa, erguida o rígida transmite una imagen de inflexibilidad nada seductora. Por supuesto esto no significa que debas adoptar una postura desgarbada, señal de aburrimiento pereza y falta de carácter, pero sí mostrar una pose relajada y flexible.

De adolescentes, a la mayoría de nosotros nos decían que no nos encorváramos, que nos sentásemos y caminásemos siempre derechos. Las razones de ello no eran sólo evitar dolores de espalda, sino también asegurar que con nuestra postura mostrábamos confianza en lugar de inseguridad. Estar en posición recta (aunque no rígida) nos da un aire de esperanza y seguridad que hace que los demás se fijen en nosotros y se muestren más dispuestos a aceptar lo que decimos.

Los cambios de postura que efectuamos durante una conversación dependen de las emociones y pensamientos que ésta nos produce. Sin embargo, algunas son más correctas que otras. Ya sea de pie o sentado, juntar las piernas es la forma más recatada y respetuosa de ponerse. La educación tradicional enseñaba especialmente a las mujeres a sentarse con las rodillas muy juntas. Colocarse con las piernas muy separadas es un gesto que puede indicar tanto exceso de confianza en uno mismo como insinuación de tipo sexual, dependiendo de la situación.

Cuando estamos sentados también tendemos a señalar con el cuerpo y los pies la dirección hacia donde dirigimos nuestro interés. Cuando dos personas se sientan una al lado de la otra, por ejemplo, lo más probable es que una de ellas acabe cruzando las piernas en dirección a la persona con la que habla. De manera similar, durante una conversación, los pies señalan la dirección en la que la persona en cuestión desearía ir o a la persona en la que está inateresada. La mayoría de la gente empieza poniendo los pies en diagonal hacia delante en una posición neutral o en la posición de reloj «las dos menos diez». Pero a medida que se desarrolla y avanza la conversación, empieza a señalar con los pies a la persona del grupo que encuentra más interesante o atractiva... Así que, ¡atención a esos pies que nos apuntan! porque son mensajes muy fiables del interés que despertamos.

Boca

La boca es, en un sentido real, una puerta de salida de nuestras emociones, pensamientos y palabras. Unos labios tensos o una mandíbula rígida están transmitiendo que preferiríamos que esa puerta permaneciera cerrada.

Del mismo modo que una boca grande y sonriente se asocia con sensualidad, unos labios apretados nos hablan de una naturaleza esquiva y poco dada a las emociones; también sugieren tensión interior, y ésta es más contagiosa que la gripe. Por tanto, los que no quieran exponerse a ser contagiados de tu mal humor huirán de ti a toda prisa. Además a todos nos gusta rodearnos de gente alegre y sonriente, e impregnarnos de su espíritu optimista y festivo.

En el juego de la seducción, una boca entreabierta y unos labios húmedos constituyen un potente reclamo sexual. La lengua, por su parte, es un órgano que tiene posibilidades expresivas tan diversas como la insinuación erótica, la burla, la demostración de apetito o como sencillo instrumento limpiador de las comisuras labiales.

Para atraer a los demás es necesario que tengas una buena higiene bucal; tus dientes y aliento influyen mucho en la imagen que se formarán de ti. No hay nada más repelente que un aliento pestilente. Procura cepillarlos habitualmente; puedes llevar siempre contigo un cepillo y pasta dentrífica de bolsillo y usarlos cuando estés fuera de casa. Si tienes un problema de alitosis,

acude regularmente a tu dentista (las caries provocan mal aliento) y consulta a un buen estomatólogo. En ocasiones, el mal
aliento se debe a una mala alimentación o a problemas del estómago.

Pelo

El pelo brillante, suave y agradable al tacto resulta muy
seductor. Los gustos en cuanto a cortes y peinados van variando;
hay temporadas en las que se lleva el pelo más largo, más corto,
más claro... Pero independientemente de la moda vigente, has
de escoger el corte que más favorezca a tu cara y que mejor resalte y embellezca tus rasgos. El estado de tu cabello refleja la actitud que adoptas ante el arreglo personal. Un pelo grasiento, con
caspa o despeinado indica que no te importa en absoluto tu
aspecto. Así que invierte algo de tu tiempo y dinero y acude a un
buen profesional que pueda asesorarte y sacar el mejor partido a
tu cabello.

Corto, largo o media melena, lo más importante es que tu
pelo tenga un aspecto cuidado, brillante y voluminoso ¿Por qué?
Pues porque un pelo así invita a acariciarlo, resulta sexy y favorece. Si luces unos cabellos apelmazados por la laca o un cuida-
doso y elaborado peinado el mensaje que estás enviando es: «¡No
me toques, que me estropeas!».

Si tienes una melena larga, puedes aplicar unas gotas de tu
perfume favorito en las puntas de tu cabello, actuará como un
auténtico ambientador e irás dejando una estela agradable-
mente perfumada allá por donde pases.

Si eres hombre y te estás quedando calvo, evita caer en la
tentación de peinar unos cuantos pelos largos tratando de ocul-
tar tu calvicie; no sólo porque el efecto que produce no es nada
atractivo o seductor, sino porque además estás transmitiendo el
siguiente mensaje: «soy calvo pero no quiero que se sepa porque me avergüenzo de ello».

Ropa

Vístete para triunfar. Es injusto pero cierto: las personas se forman una opinión de los demás a los cinco minutos de haberse conocido. Por tanto, ten siempre el mejor aspecto posible.

Una parte importante de la presentación personal consiste en aparecer limpio, con ropa bien planchada y los zapatos bien cuidados; pero es evidente que hemos de ir más allá de estas obviedades si queremos dejar huella con nuestra presencia.

Convierte cada día en una ocasión especial y vístete a conciencia para ofrecer tu mejor imagen. Puedes seguir algunas reglas muy sencillas: por ejemplo, si eres un poco grueso viste con rayas verticales, nunca horizontales; y si eres bajo, procura ponerte prendas de un solo color.

Puedes seguir incluso algún curso de imagen. Quizá te parezca superficial, pero resultar atractivo es una ventaja y nunca tendrás una segunda oportunidad para causar una buena *primera impresión*.

Ojos

Los ojos son, junto con la boca, el recurso no verbal más expresivo que tiene el ser humano. Ábrelos bien; unas pupilas bien dilatadas atraen irresistiblemente al que las observa ya que transmiten curiosidad, interés, y entusiasmo por lo que les rodean ¿Te has fijado en lo seductores que resultan unos ojos a la luz de unas velas? Por eso en el pasado muchas mujeres usaban colirio para aumentar su tamaño. Sin embargo, algunos estudios revelan que nuestras pupilas se expanden cuando contemplan algo que les agrada, así que bastará una miradita a esa persona que tanto te gusta para que tus ojos muestren un aspecto irresistible. De hecho, las pupilas de los enamorados que se miran a los ojos se dilatan, y esto es precisamente lo que más encantador encontramos en la mirada del otro, y lo que puede proporcionarte un dato fiable de sus sentimientos hacia ti.

Unos ojos brillantes, además de resultar muy seductores, nos indican que la persona se encuentra en un estado emocional intenso, ya sea de alegría y excitación o de tristeza (si los tiene llorosos). Una forma de mantener el ojo húmedo y brillante consiste en parpadear intensamente durante unos segundos, de esta forma los ojos se humedecen y muestran un aspecto brillante y sano.

Cuando decimos de alguien que tiene un brillo especial en los ojos nos referimos a su espíritu alegre, juvenil, entusiasta y lleno de vida. En cambio unos ojos apagados y sin brillo son propios de personas con falta de salud o de estímulos emocionales.

Evita mirar fijamente a alguien, ya que resulta invasivo y amenazador. Y aunque una rápida ojeada puede resultar provocativa (especialmente si va acompañada de una sonrisa), has de evitar miradas de reojo, que transmiten desconfianza y recelo.

Consulta a buen amigo

Tu imagen está en los ojos del que te mira, por lo que quizá necesites un amigo leal que te diga si los mensajes que estás enviando invitan a un acercamiento amistoso o si por el contrario repelen a los demás.

Una imagen vale más que mil palabras...

... Especialmente cuando se trata de tu lenguaje corporal. No confíes demasiado en las fotos para hacerte una idea de tu expresión habitual a la hora de relacionarte. Las fotografías pueden resultar engañosas, y la sonrisa feliz que exhibes cuando estás entre amigos puede que no sea tan cálida y acogedora cuando te encuentras entre desconocidos.

Para tener una visión más fiable de la imagen que proyectas, recurre al vídeo. Pídele a ese familiar que siempre va a cuestas con su cámara, la cinta que grabó la última vez que os reunísteis; o mejor aún, consigue la grabación profesional de cualquier acontecimiento en el que posiblemente te filmaron sin que te dieras cuenta. ¿Qué es lo que ves? ¿pareces serio y distante? ¿tu postura es estirada? Quizá necesites dulcificar tu cara con una cálida sonrisa y suavizar esa rígida pose que te hace parecer tan inflexible y frío como un poste de teléfono.

Si todavía tienes dudas sobre si el lenguaje corporal puede sumar o restar puntos a tu cotización en el mercado de la sociabilidad, ten en cuenta lo que sigue: las últimas investigaciones han demostrado que un 7% de lo que transmitimos lo hacemos a través de las palabras; un 38% por medio del timbre y el tono de nuestra voz; y el resto (un 55% del total de la comunicación) a través de gestos inconscientes y manipulaciones diversas de nuestro cuerpo. No es necesario ser un experto en matemáticas para interpretar estas cifras. Un seductor elegante que usa correctamente la voz y los gestos está comunicando el 93% de sus mensajes ¡sin decir una palabra! Y el restante 7% con palabras (aunque éstas, por sí solas, no actúan).

Entender el lenguaje corporal

Para comprobar el impacto de nuestras palabras y saber si nuestra intención de ser irresistibles está funcionando, podemos observar la actitud del otro.

¿Podemos saber si la otra persona está interesado en nosotros, sin necesidad de que nos lo diga? Sin duda, sólo has de ser algo observador y fijarte un poco en su lenguaje corporal.

Si mira continuamente el reloj, suspira, bosteza o cruza y descruza los brazos, es probable que se esté aburriendo; tu conversación no ha logrado captar su atención. Cambia de tema o varía el ritmo de tus palabras procurando que no sea monótono.

Si se frota la oreja o se rasca debajo de ésta (en la zona del cuello), puede ser una señal de que no le gusta lo que está escuchando (es la versión adulta de la reacción del niño que se tapa las orejas para no escuchar la reprimenda de sus padres).

Frotarse los ojos puede indicarnos que no se cree lo que le estamos diciendo o que no le gusta lo que está viendo. Por norma general los hombres se frotan enérgicamente los ojos, y cuando creen detectar una gran mentira desvían la mirada o la centran en el suelo. Las mujeres se rozan normalmente con suavidad la parte inferior de los ojos para evitar gestos bruscos o para no estropearse el maquillaje.

Cuando nuestro interlocutor está realmente interesado en nuestra conversación lo demuestra con un contacto visual intenso, inclinando ligeramente la cabeza, asintiendo, sonriendo (si le estamos contando algo alegre o divertido), frunciendo el ceño o poniendo cara de preocupación (si le estamos explicando algo serio que nos preocupa o un problema que no sabemos como resover).

Si se acerca a ti mientras habláis, reduciendo así tu espacio vital, sin duda le gustas. Si te roza ligeramente es que está buscando un acercamiento más íntimo.

Si se sujeta la barbilla con el pulgar y muestra el dedo índice apuntando hacia arriba, nos indica que su actitud es crítica. Del mismo modo, las piernas y los brazos cruzados a la vez nos revelan una actitud defensiva.

¿Cómo te comunicas?

No todos nos comunicamos e interpretamos los mensajes que nos envían de igual manera; existen personas que son más auditivas, otras son sobre todo visuales, y otras cinestéticas (relativo a las emociones).

Conectar con una persona implica, en muchos casos, detectar cuál es su manera predominante de comunicarse. Si consigues descubrir de qué manera capta mejor los mensajes, podrás expresarle mejor tu interés por ella y causarle al mismo tiempo un impacto que no pueda resistir.

Las personas visuales reaccionan sobre todo con imágenes, necesitan ver. Si queremos que una persona visual nos escuche hemos de hacérselo ver con hechos más que con palabras. Tu aspecto es sin duda una buena manera de captar su atención. Ponte ropa bonita, arréglate, sonríe, ofrece una imagen seductora y amable de ti mismo... y enseguida captará tu interés por él. A las personas auditivas les gusta sobre todo escuchar; quieren que les digan cosas, las palabras son para ellas el mejor estímulo y fuente de placer. Sedúcele con un poema romántico y lo tendrás a tus pies antes de pronunciar el útimo verso.

Los cinestéticos, en cambio, viven mucho las emociones, las sensaciones; les gusta que le toquen, que les hablen despacio, con un vocabulario que remita a las sensaciones.

¿Cómo reconocerlas?

Pero, ¿cómo se puede determinar la preferencia sensorial de un completo desconocido? Por lo general los hombres son más visuales y las mujeres más auditivo-cinestéticas. Pero si observas con atención su comportamiento y su forma de expresarse podrás distinguir en seguida qué tipo de persona es (visual, auditiva o cinestética).

Las personas auditivas

Se inclinan sobre la mesa como si se estuvieran esforzando por escucharte; incluso puede que cierren los ojos (para saborear tus palabras), o miren hacia otro lado (cuando lo que escuchan contradice lo que quieren oír). Dicen cosas como: «Eso suena bien» o «Me alegro de que me digas esto». ¿Y qué es lo que están intentando escuchar con tanta atención? Pues claves, pistas, señales que les aporten más información de ti. Si oyen un suspiro, enseguida querrán saber si estás aburrido, cansado o deprimido. Pero la mayoría lo que está esperando oír es tu respuesta. Quieren saber si una idea te «suena» tan bien a ti como a ellos o si estás realmente escuchando los mensajes que te envía. Para las personas auditivas, el teléfono es una cuerda a la que asirse cuando tienen problemas.

Las personas cinestéticas

Son personas muy «táctiles» les gusta tocar y que les toquen, ya que es una forma de transmitir emociones. Se acercan más de lo normal cuando te hablan, te tocan con facilidad. Puedes reconocerlos fácilmente por la textura de sus ropas, la energía con que dan la mano y sus movimientos al caminar.

Las personas visuales

Suelen tener un aspecto impecable y valoran mucho que los demás también se cuiden. Se visten con elegancia, y suelen cuidar hasta el último detalle. Para estas personas una sonrisa, un vestido nuevo escogido para la ocasión o una mesa preparada a conciencia de forma romántica son mensajes claros y directos de nuestro interés por ellas.

Tocar, un asunto delicado

Aun en el caso de que topes con una persona cinéstetica (a la que le encanta tocar y ser tocada), a muchas personas les intimida que las toquen cuando consideran que no existe ese grado de confianza ¿Por qué? Pues porque tocar es un acto íntimo que se percibe como una amenaza a nuestro espacio vital sin nuestro consentimiento.

Si creciste en un hogar cálido en el que las caricias y los besos se repartían con frecuencia y naturalidad, probablemente tu nivel de aceptación al contacto humano sea bastante elevado; pero si tu familia no era muy efusiva, quizá experimentes cualquier roce como algo que te causa confusión o te sitúa fuera de lugar.

¿En qué partes resulta lícito tocar? Las reglas cambian según el grado de intimidad, pero para el primer encuentro la cosa está bien clara: está estrictamente prohibido tocar cualquier parte del cuerpo excepto la que va desde la punta de los dedos hasta el codo.

Marcos, un fanático de los deportes que participó en uno de mis seminarios, se identificó muy pronto como un seductor «agresivo». Su reacción ante la regla de abstenerse a tocar todo lo que no esté entre la punta de los dedos y el codo me hizo sospechar que su agresividad física con las mujeres había sido la causa del fin de la mayoría de sus relaciones, y de su incapacidad para conectar amistosamente con ellas.

«¿Quieres decir que sólo puedo tocarle las manos?» –preguntó extrañado. «Así es», respondí. «¡Uf...! De manera que citas sin contacto... –dijo suspirando. ¿Cuál es la próxima lección? ¿Nada de besos hasta que le pida la mano? ¿Nada de sexo hasta el matrimonio?».

El contacto físico (especialmente el primero entre personas que se atraen mutuamente) posee una enorme fuerza comunicativa. Es cierto que un roce de manos puede no ser tan íntimo como un beso, pero no hay nada como ese primer contacto de alguien interesante para que una corriente «eléctrica» y excitante nos suba por el cuerpo ¿Por qué? Porque incluso esa forma de contacto y saludo tan socialmente aceptada pone a nuestro alcance la parte más sensible, sexualmente hablando, de las personas: la piel. Y como la piel es un auténtico semillero de terminaciones nerviosas muy sensibles, el más mínimo roce o caricia es todo lo que se necesita para enviar un mensaje muy estimulante.

Ejercicio

Mensajes claros y positivos

Conseguir que nuestros mensajes sean captados mientras nos expresamos de una manera sugerente y atractiva, consiste en ser conscientes de nuestras posibilidades comunicativas y en sacar el máximo partido a nuestros canales expresivos.

◆ Reflexiona sobre tus siguientes recursos expresivos: mensaje verbal, gestos, mirada, expresión facial, pose corporal, indumentaria, distancia física, voz...

◆ Describe cómo es tu forma de expresarte cuando utilizas estos canales de comunicación

◆ Escribe al menos dos consejos que puedan mejorar cada uno de ellos.

◆ Se trata de que veas cuáles son tus fallos a la hora de relacionarte y que tú mismo encuentres soluciones prácticas a tu alcance.

• **Ejemplo:** Mi pose es escorvada. El mensaje que transmito es de inseguridad y timidez.

• **Consejo 1**: Procurar mirar al frente y no desviar la mirada hacia el suelo. Esto mantendrá mi cabeza erguida y elevará mis hombros.

• **Consejo 2**: Realizaré un sencillo ejercicio, al menos dos días por semana, para corregir mi postura: caminaré con un libro grueso sobre la cabeza por el pasillo de casa. Con la práctica conseguiré una pose menos encorvada y más espigada.

El mensaje que transmitiré es de autoconfianza y autoestima.

Capítulo 11

El poder de la mirada

Hoy la tierra y los cielos me sonríen;
Hoy llega al fondo de mi alma el sol;
Hoy la he visto… la he visto y me ha mirado
¡Hoy creo en Dios!

Gustavo Adolfo Becker

Había algo en su forma de mirarme, o mejor dicho de no mirarme (pues siempre esquivaba mi mirada) que me causaba desconfianza. Más tarde me enteré que hablaba mal de mí delante de mis amigos. Desde entonces siempre desconfío de alguien que no es capaz de mirarme directamente a la cara mientras me habla.

Carmen, *28 años, sobre la desconfianza que nos producen las personas que no nos miran a la cara*

Poner miradas seductoras no es una habilidad exclusiva de las estrellas de cine; que yo sepa ni Harrison Ford ni Julia Roberts tienen la patente. Todos poseemos esa sugestiva mirada, encerrada en lo más profundo de nuestro subconsciente, esperando a que hagamos uso de su gran fuerza seductora, a que iluminemos a los demás con nuestros hermosos faros.

Y es que con una simple mirada podemos decir desde «Te quiero» hasta «Te odio»; sin necesidad de emitir una sola palabra. Expresiones como «miradas que matan» o «me desnudó con la mirada» indican lo expresivos que pueden llegar a ser nuestros ojos. Realzados por las cejas y rodeados por la piel más suave y sensible de todo el cuerpo, hasta los ojos más corrientes tienen una capacidad ilimitada para expresar sentimientos.

Minuto a minuto actúan como un barómetro, comunicando los estados de ánimo más tormentosos, los sentimientos más cálidos y los conflictos más íntimos.

Establecer contacto ocular supone un doble proceso: por un lado, debes controlar y conocer el efecto que producen tus miradas en los demás; pero también has de intentar demostrar con ellas el interés que alguien en particular te despierta.

Por supuesto que, en la seducción, los mensajes son siempre positivos. Reír con los ojos estimula el compañerismo, mientras que miradas duras o esquivas acaban con el interés e incluso con la paciencia de la otra persona.

Pero, ¿cómo puedes estar seguro de que tu mirada resulta arrebatadora e irresistible en lugar de aburrida o amenazante? Pues usando tus ojos con admiración y respeto y no de una forma aburrida o agresiva.

Los ojos son, junto con la boca, el recurso no verbal más expresivo que tenemos. El poder de atracción y repulsión de los ojos es tal, que nos basta una simple mirada para evocar lo que sugiere un rostro.

Lee las siguientes expresiones:

- ◆ una mirada glacial,
- ◆ miradas furtivas
- ◆ miradas llenas de pasión
- ◆ miradas cariñosas, adormiladas, obsesivas, llenas de burla...

¿No te haces una idea completa del rostro?

Las emociones que asoman a estas ventanas del alma son tan fuertes que sólo el hecho de nombrarlas provoca una inmediata respuesta en nosotros. No es difícil comprender, pues, cómo las personas de carne y hueso van a reaccionar cuando se enfrenten a nuestra mirada.

Ten siempre presente que tu forma de mirar a los demás tendrá mucho que ver con cómo éstos te respondan con su mirada. Si quieres que los demás te miren de forma dulce y agradable, regala siempre miradas comprensivas y llenas de atención.

Cuidado con los guiños

Aunque muchos hombres continúan haciéndolo, lo cierto es que un guiño es un especie de proposición sexual que repele a muchas mujeres. Guiñar el ojo es divertido y bien recibido cuando lo hacemos como llamada de atención sobre algo en lo que queremos que otra persona se fije. Entonces el guiño se convierte en una seductora expresión que implica travesura y complicidad.

Muchas personas relacionan las miradas directas a los ojos con actitudes positivas de honestidad y lealtad, sin embargo, algunas miradas demasiado largas nos intimidan e incluso nos resultan insultantes y ofensivas.

Entre los animales, mirar fijamente es considerado una amenaza directa; es el tipo de mirada que utilizan los carnívoros para hipnotizar a sus presas antes de atacarlas. ¡Y los buenos seductores nunca atacan! Así que evita mirar fijamente a alguien de forma insistente, pues sólo conseguirás que la persona a la que diriges tu mirada se sienta amenazada e incómoda. Y lo más probable es que acabe apartando su mirada de la tuya.

Seducir es un verbo amistoso. Por eso resulta crucial que cada mirada, gesto o movimiento asociado con la seducción sea envolvente y suave, nunca intimidatorio. El reto es cómo transmitir tu interés sin que resulte demasiado obvio, agresivo o desesperado.

El triángulo de la seducción

Cuando consigas que tu contacto visual no sea demasiado intenso, no hay nada que pueda vencer a esta simple técnica: imagina el rostro de tu interlocutor como un triángulo, con dos de sus vértices en los extremos de la frente y el tercero en la barbilla. Ahora imagina que eres un artista y que ese triángulo es tu lienzo; mueve tus ojos por él con suavidad, con respeto y con dulzura, como si estuvieras pintando.

En vez de mirar directamente a los ojos del otro, deja que tu mirada se deslice desde las cejas hasta las sienes, y desde las orejas hasta el mentón. Permite siempre que tus ojos se encuentren con los suyos un instante y luego continúa con tu delicada exploración, tocando apenas cada una de las partes con un roce que sea más ligero que el aire. Limitar nuestro contacto visual a los ojos puede resultar contraproducente, ya que puede poner nerviosa a la otra persona. Debes usar el triángulo de la seducción ampliando tu campo de mira y despojando a tu mirada de cualquier matiz amenazador u ofensivo.

¿Y cómo puedes saber si le estás sacando partido a tu correcto uso del triángulo de la seducción? Muy fácil: este triángulo funciona como una especie de «difusor de la mirada». Si te acostumbras a establecer el contacto con los demás mediante esta técnica, sus efectos son tan sutiles que podrás usarla con cualquiera. Si consigues sentirte igual de cómodo explorando el triángulo de la seducción de tu jefe como el de un desconocido interesante, puedes estar seguro de que estás usando tus ojos de una manera seductora y relajante para los demás.

En esta sociedad despersonalizada en la que se aprende a evitar las miradas de los demás, un poco de contacto visual puede resultar muy difícil. Si usas como objetivo de tus miradas el triángulo de la seducción completo, minimizas la posibilidad de poner al otro a la defensiva y maximizas la posibilidad de que se produzca una conexión. El objetivo es atrapar la mirada del hombre o la mujer que te interesa; retenerla un ratito y mirar luego hacia otro punto de su cara. Haz esto una sola vez y el otro se forjará una idea de quién eres.; hazlo varias veces y tu nuevo conocido empezará a pensar en ti como un rostro amistoso, familiar e interesante en medio de la multitud.

Ten en cuenta que mirar al otro y desviar la mirada con demasiada rapidez puede dar la impresión de que tus ojos son furtivos y rastreros.

Para finalizar, por favor, ten en cuenta que el triángulo de seducción termina en la barbilla ¡y ahí deben detenerse tus ojos! La seducción tiene mucho de exploración, pero si te pones a mirar atentamente por debajo del cuello del otro no solamente estarás enviando un mensaje grosero y rudo, sino que podrá producirse una situación embarazosa para ambos.

Por supuesto que ninguno de nosotros es un santo... De vez en cuando todos caemos en la tentación de mirar las partes del otro que nos resultan más atractivas, pero dejar que los ojos se vayan tras ellas no es una buena manera de seducir. Si no puedes ser un buen seductor, al menos sé prudente.

La fuerza de una mirada

Los expertos en lenguaje corporal aseguran que usamos todas las partes del cuerpo para transmitir información constantemente pero que sólo los ojos pueden comunicar nuestras emociones en profundidad y con todos sus matices. Desde la lenta y seductora mirada que nos está diciendo: «Me encantaría conocerte un poco mejor» hasta la breve y juguetona ojeada que nos invita a coquetear, la expresión de nuestros ojos revela gran cantidad de nuestros deseos y secretas intenciones. Por lo tanto, no basta simplemente con mirarnos, existe una gran diferencia entre ser observado con dulzura o deseo, o con obsesión o cansancio; y dicha diferencia se aprecia con más intensidad cuando se está en situación de recibir una de estas miradas.

Pero si los movimientos de nuestros ojos son tan complejos como nuestras emociones, ¿no serán muy difíciles de interpretar? No necesariamente, bastará con que prestes atención a la persona que tienes delante y trates de entenderla. Muchas personas relacionan miradas directas a los ojos con actitudes positivas como honestidad, lealtad e inocencia. Sin embargo, algunas miradas demasiado largas nos resultan insultantes y ofensivas.

Aunque por lo común no nos damos cuenta de ello, los movimientos de nuestros ojos son gestos que pueden atraer a los demás o, por el contrario, alejarlos de nosotros. Si no has tenido éxito al intentar atrapar la mirada de alguien que te gusta, responde con sinceridad a las siguientes preguntas. Podrá ayudarte a que te des cuenta de que quizá tus miradas asustan a los demás...

¿Tienes una mirada seductora?

¿Has notado si la persona a la que quieres seducir intenta a su vez seducirte a ti? Algunos seductores –sobre todo los novatos– están tan preocupados por sus propias sonrisas, miradas y actitudes que son incapaces de darse cuenta de las que reciben como respuesta. Si quieres gustar a los demás y captar correctamente el mensaje que te están transmitiendo, trata de «escuchar visualmente». Es decir, presta atención más allá de la voz que te habla y fíjate en sus gestos, expresiones y miradas.

Una mirada compartida siempre nos coge por sorpresa; por tanto, es natural que la persona que quieres seducir mire para otro lado después de que su mirada se haya cruzado con la tuya. Míralo de nuevo: ¿se ha tomado un instante para considerar tu proposición y busca de nuevo tus ojos? ¿Está manteniendo tu mirada un poco más de lo que sería necesario? Entonces, ¡estás seduciendo! ¿Los movimientos de tus ojos se mueven con suavidad en torno al triángulo de seducción? Dirige una mirada alegre y viva a un objetivo que esté desprevenido y le parecerás ardiente e interesante. Míralo de forma dura y aburrida, y harás que se muestre deseoso... ¡de estar lejos de ti!

¿Mantienes tus miradas el tiempo suficiente?

Es bastante fácil responder a esta pregunta. Una mirada mantenida el tiempo preciso dice: «Te estoy viendo, ¿me ves tú a mí?», y puede durar tanto como lo que tardarías en decirlo en voz alta.

Por el contrario, una mirada demasiado larga se parece a una broma pesada y sus efectos son casi los mismos: la persona a la que estás examinando puede mirarte con aire de sospecha y alejarse de ti a toda velocidad.

Recuerda: las miradas persistentes son una invitación. Si sorprendes a la otra persona mirándote a hurtadillas, mira hacia otra parte; pero si notas que vuestros ojos se encuentran cada vez más a menudo, tu invitación ha sido recibida y aceptada.

Principios básicos para gustar a los demás

- Interésate por los demás, cultiva tu empatía, escucha de manera activa... y te convertirás en el mejor amigo para cualquiera.
- Tu cuerpo habla mientras tú callas: sé consciente del mensaje que está transmitiendo.
- Siempre es posible una correcta seducción siguiendo tres principios básicos: miradas atentas, labios sonrientes y un efectivo lenguaje corporal.
- Observa las señales no verbales cuando estés intentado averiguar si alguien está interesado en ti.
- «Seducir» es un verbo amistoso: utiliza los ojos de manera festiva y juguetona.
- El «Triángulo de la Seducción» termina en la barbilla: ¡No desciendas más allá!
- Mantén los nervios fuera de la imagen que proyectas.
- ¡Sonríe! Tómate la vida con sentido del humor y aprende a reírte de ti mismo... Los demás se sentirán cómodos a tu lado.

Segunda parte

Pasa a la acción

Capítulo 12

Qué decir después de «Hola»

Antes procuraba ser invisible. Soy una persona tímida a la que le gusta pasar desapercibida, así que solía caminar mirando hacia el suelo, evitando el contacto con desconocidos. Un día mi mejor amiga me dijo '¿Te das cuenta de lo antipática que resultas? Ya sé que eres tímida, pero acabas de comprar un billete de autobús sin abrir la boca… ¿Por qué no pruebas a decir buenos días, por favor o gracias?' Aquello me hizo sentir fatal, mi amiga tenía razón: todo lo que había hecho para conseguir aquel billete había sido colocar el dinero sobre el mostrador. Sus palabras me hicieron reaccionar. No estaba dispuesta a pasar por maleducada por el simple hecho de ser tímida. Ahora no entro en una tienda sin decir hola o dar los buenos días con una amplia sonrisa, saludo siempre al conductor del autobús (aunque no tenga que comprar billete), y camino con la mirada al frente por si me cruzo con algún vecino o conocido.

Cristina, *30 años, sobre la importancia de decir hola y dar los buenos días*

Romper el hielo

A continuación te propongo un ejercicio que te dará algo que nunca te concedió tu madre: permiso para hablar con desconocidos. También te brindará la oportunidad de comprobar por ti mismo que puedes empezar una conversación con cualquier persona, en cualquier momento y en cualquier lugar. Consiste simplemente en ser sociable y hablar con los demás.

Empieza practicando de la manera más fácil: saluda cada día al menos a diez conocidos y felicítate por cada respuesta positiva que recibas. Cuando te sientas cómodo, convierte el simple saludo en una invitación a conversar. Puedes, por ejemplo, hacer una pregunta tras el saludo: «¿No es maravilloso este sol después de tantos días de lluvia?». Cuando lo hagas, fíjate especialmente en la gente que parece apreciar positivamente tu gesto. ¡Muchas de las personas con las que te cruzas todos los días se mueren de ganas por tener una oportunidad de exponer sus opiniones!

Cuando seas capaz de charlar sin dificultad con simples conocidos empieza a establecer contacto con personas que te atraigan o que parezcan estar interesadas en ti. ¿Cuántas parecen encantadas de que hayas dado el primer paso? Enseguida notarás que esa gente está tan deseosa de conversar como tú.

Si lo que te asusta es cómo «romper el hielo», no te preocupes, la frase inicial es lo de menos. Pregúntale qué hora es, halaga su reloj o su ropa, pregúntale cómo ir a algún lugar concreto, intenta averiguar cómo conoció al anfitrión o anfitriona de la fiesta... Digas lo que digas, la otra persona sabe que simplemente es una excusa para hablar con ella.

Durante años he oído a muchos hombres decir que se quedaban completamente desconcertados ante mujeres que les pedían algo tan simple como un bolígrafo o les preguntaban por una dirección. Y también he conocido a mujeres que se derretí-

an ante hombres que respondían «salud» al estornudo
cioso. La lección es ésta: cuando se trata de superar la bar
saludo, cualquier observación por leve que sea nos servirá p
captar la atención del otro.

Es posible que prefieras las conversaciones brillantes, pero
mientras no surjan, las charlas breves y superficiales pueden ser
una gran oportunidad. Además no te comprometen a nada; no
te ponen a prueba ni intelectual ni emocionalmente; no son más
que un leve toque de humanidad en un mundo demasiado apre-
surado... ¿Y a quién no le gusta que le traten como a un ser
humano?

¿Conoce ese tipo tan atlético que va en chándal el mejor
lugar para hacer *footing* de la ciudad? ¡Pregúntaselo! ¿Podría esa
imperturbable y adorable ejecutiva de la planta cuarta, con la
que subes cada día en el ascensor, recomendarte un restaurante
tranquilo para una importante reunión de negocios que tienes
que organizar? ¡Averígualo! A lo mejor consigues que te dé su
tarjeta cuando lo hagas.

Si has seguido mi consejo estarás saliendo de casa de manera regular. Y probablemente estés participando en alguna clase
de actividad social. ¡Sácale partido! Cualquier curso o actividad
te ofrece incontables oportunidades para formular preguntas...
Aprovéchalas o habla de lo que estás haciendo con la gente que
te rodea.

Incluso los llamados pasatiempos «solitarios» no tienen por
qué serlo si realmente deseas compartir tus pensamientos con
otra persona. ¿Esquiar es solitario? Siempre puedes comentar
algo acerca de la longitud de la pista o su desnivel. Sólo hacen
falta unas cuantas palabras amables para atraer a los demás hacia
lo que estás haciendo. Más tarde ya decidirás si van a formar parte de tu vida o no.

Puedes vivir en una ciudad enorme o en un pequeño pueblo,
pero si te estás perdiendo el aspecto único e irrepetible que tiene

ırán pasando desapercibidas las inconta-
relacionarte con alguien inteligente y

as de que el mundo pueda convertirse en
y seducción para ti?

ue tuvo lugar en Barcelona pueda hacer-
mi amiga Silvia se vio atrapada en una de
las cosas más frustrantes que pueden ocurrirte en una gran ciudad en hora punta: un atasco de tráfico. Al tener que detenerse
cada dos por tres, tuvo tiempo de sobra para prestar atención a la
gente que iba en los coches de su alrededor; especialmente en el
joven del Alfa Romeo que iba a su lado. Durante quince minutos esta maestra de la seducción observó al hombre del deportivo estirar el cuello, mirar el reloj y golpetear el volante. La verdad es que sintió lástima. Bajó el cristal de la ventanilla, le
mostró su agenda y le dijo: «He tenido que cancelar todas las
citas que tenía esta mañana, ¿cómo te va a ti?». El joven le sonrió, le cogió la agenda de la mano y anotó en ella su número de
teléfono y lo siguiente «Si tienes programada una comida para
hoy y te ves obligada a cancelarla… llámame. Antonio». Y todo
porque ella quiso disfrutar del momento y compartir la experiencia con alguien que estaba cerca. Si no hubiera actuado así,
probablemente el joven del deportivo hubiera desaparecido en
medio de una nube de coches.

Qué decir después de «hola»

Todos hablamos con extraños prácticamente a diario; aunque
no nos demos cuenta. Y precisamente porque la mayoría de estos
encuentros imprevistos ocurren sin que nos percatemos tendemos a no considerarlos importantes. La mayoría de las personas
que buscan pareja están tan obsesionadas con la desalentadora

tarea de interesar a ese alguien especial que, sencillamente, no pueden recordar la ultima vez que cautivaron a alguien que para ellos no lo era; como la vecina de arriba, el cartero o algún otro en el que no pensamos en términos de amistad o romance.

Es posible que puedas mantener sin el menor problema conversaciones con el carnicero o el panadero de tu barrio, pero que te resulte imposible acercarte a esa persona que de verdad te gusta. Y es que resulta evidente que corremos menos riesgos conversando con personas que no nos interesan; nuestros egos no se involucran tanto porque se despreocupan de los resultados. Como tenemos la tendencia a mantener ese tipo de contacto de manera superficial y sin que afecte a nuestras emociones, hay pocas probabilidades de que nuestros sentimientos resulten heridos. Para algunos de nosotros, hablar con alguien anónimo a quien no encontramos atractivo puede servirnos para levantar un poco el ego; ya que nos es más fácil hablar con gente de paso porque decidimos de antemano que no nos interesa.

Si en encuentros insignificantes con gente que no te interesa te abstienes de conversar porque piensas que es mejor reservarte para alguien que sí valga la pena, probablemente no harás otra cosa que engañarte a ti mismo. Y si tienes miedo de que tus esfuerzos por entablar conversaciones espontáneas puedan hacerte parecer demasiado agresivo o desesperado, recuerda esto: si te mantienes en silencio puedes estar seguro de que no impresionarás a nadie... ¡Y ésa no es una manera eficaz de seducir!

Miedo a ser juzgados

Precisamente es en esas conversaciones espontáneas donde debemos mostrarnos como somos con total libertad, especialmente con la gente que más nos interesa. Esto podremos hacerlo una vez nos hayamos liberado de nuestros miedos infundados.

Para Clara el miedo a ser juzgada es lo que le paraliza y le impide relacionarse con total libertad:

Soy incapaz de iniciar una conversación con un desconocido; me aterra la idea de que esa persona me encuentre poco atractiva o estúpida; incluso los días en los que me gusta mi aspecto y me siento un poco más segura de mí, me preocupa hacer algún comentario estúpido o fuera de lugar, y que la otra persona no me responda. Si el que me interesa está apoyado en una esquina leyendo el periódico o concentrado en algo, me convenzo inmediatamente de que si le hablo le voy a molestar y de que es muy posible que me ignore.

Lo que le sucede a Clara es una muestra del temor que mucha gente siente a iniciar una conversación. Sin embargo es un temor infundado que surge de considerar a los demás deslumbrantemente atractivos, mientras nos vemos a nosotros mismos poco interesantes o insulsos. Y es que se puede vivir «codo con codo» con miles de personas y aun así creer que no se consigue atraer la atención de nadie. ¡Todo el mundo tiene miedo de actuar el primero!

Si eres tímido, poco decidido o si continuamente te estás repitiendo a ti mismo una versión de la pesadilla de Clara, eso debería reafirmarte en la idea de que tienes grandes posibilidades de tener éxito si lo intentas. La mayor parte de la gente siente tanta angustia como tú ante el hecho de conocer a un extraño. ¿Por qué crees si no que tantas personas inteligentes y atractivas te miran furtivamente detrás del periódico o miran fijamente los botones del ascensor hasta llegar al piso treinta y cinco? ¡Se están escondiendo! Pero eso no significa que tú tengas que participar en esa especie de pacto de silencio...

La buena noticia es ésta: por cada mujer que está esperando que alguien especial rompa esa barrera de silencio, hay un hombre que está esperando exactamente lo mismo; y por cada hombre que se está preguntando si aquella atractiva joven respondería a un saludo inesperado, hay una mujer esperando un motivo para utilizar su maravillosa sonrisa. Los desconocidos más atractivos e interesantes te responderán. Si han estado antes en tu situación se darán cuenta del coraje que has demostrado al hablar. ¿Y si tu inexperiencia es demasiado evidente? ¡No te preocupes! Mucha gente prefiere un poco de encantadora torpeza y pequeñas dosis de vulnerabilidad, a conversar con alguien muy seguro de sí mismo que se muestra demasiado experimentado o agresivo.

Claves para que la conversación no decaiga

Cuando una conversación no fluye, lo primero que se produce generalmente es un silencio embarazoso. Como no podemos vernos a nosotros mismos cuando hablamos con otras personas, no nos resulta fácil darnos cuenta de nuestros problemas de comunicación. Pero es muy difícil no percatarse de cuando una conversación está al borde del desastre. Para que esto no llegue a sucederte pon atención a estas cuatro reglas básicas de conversación.

Usa los cumplidos con libertad… Pero con tacto y sinceridad

Si ella ha conseguido impresionarte con sus conocimientos sobre astronomía o él tiene la sonrisa más cálida que has visto en tu vida, ¡díselo! La mayoría de nosotros empleamos mucho tiempo en mejorar nuestro aspecto, conocimientos o ingenio. Saber que este esfuerzo es apreciado nos sirve para reafirmarnos y sentirnos más seguros.

Si no te sientes a gusto haciendo un cumplido o si temes que tu halago pueda ser malinterpretado, quizá te ayude lo que le ocurrió a Mireia con un vecino.

Javier vive en su calle. Un día se lo encontró bastante lejos de su barrio y le preguntó qué estaba haciendo tan lejos de casa. Javier miró su reloj, sonrió y le dijo: «Precisamente estaba esperando que pasaras por aquí... Ahora ya puedo volver a casa». Este pequeño comentario tan encantador no sólo le alegró el día, sino que convirtió a Javier en alguien especial para Mireia.

Sin embargo, antes de decir un cumplido asegúrate de que la persona a la que va dirigido lo va a encajar bien; por regla general, las mujeres no reciben muy bien cualquier comentario masculino que se refiera a su físico de una manera directa, aunque se formule en positivo. Tomás estaba haciendo un comentario muy sincero cuando le dijo a Marga: «tu trasero no es grande...es infinito. Me encantan las mujeres con grandes curvas como tú», como cualquier mujer occidental que asocia belleza a esbeltez, Marga se sintió muy ofendida con el comentario.

Procura que tus cumplidos no tengan una carga sexual implícita, mientras que «¡Hoy estás guapísima!» es un cumplido que la mayoría de mujeres reciben con agrado «¡Estás para mojar pan!» puede ser la descarga inicial de una batalla sexual.

Si eres mujer evita las insinuaciones o dobles sentidos con demasiado descaro; a los hombres más que excitarles les inhibe, y la humillación no es la mejor manera de ganar puntos con el sexo opuesto.

Si tu problema es que te sientes incapaz de emitir un cumplido por inocente que sea, practica el cumplido «de despedida». Consiste en decirle algo bonito a la persona que nos gusta justo antes de marcharnos. De esta manera no nos hemos de preocupar por la situación que viene justo después. Puedes probar con algo sencillo como: «me tengo que ir, pero antes quiero decirte que estás muy guapa esta noche» o algo más directo «Sólo quiero que sepas que si no tuviera que irme, intentaría seducirte». Una vez hecho el cumplido la otra persona se quedará pensando en tus palabras y tú no tendrás que esperar ninguna respuesta o reacción. Si tus palabras han causado efecto, lo notarás la próxima vez que veas a esa persona.

Procura que tus cumplidos sean siempre personalizalizados. Es preferible decir «Ese vestido te sienta de maravilla» a «Llevas un vestido muy bonito»; ya que se trata de resaltar a la persona y no al objeto. No te quede la menor duda de que obtendrás alguna respuesta con un comentario así. Sin embargo, no confundas un cumplido con una adulación. El cumplido es un comentario amistoso sobre algo que pensamos de verdad; la adulación, en cambio, es una exageración que suele faltar a la verdad, y por lo tanto, lejos de provocar simpatía genera rechazo porque no nos lo creemos.

Conviértete en un atractivo conversador

Para llegar a ser un conversador encantador y atractivo es conveniente que sigas algunos de estos consejos:

♦ **Habla de forma seductora.** Cuando hablamos pausadamente y con un tono de voz suave, la gente escucha con mayor atención ¿por qué? Pues porque deben estar más atentos para captar lo que estamos diciendo y porque resulta más agradable para nuestros oídos una voz suave y seductora que una aguda y gritona. No se trata de que hables entre susurros, pero sí que practiques un tono de voz encantador y agradable. La idea es que acaricies con ella. Para ello puedes probar a grabar tu propia voz y analizar cómo suena. Mucha gente se sorprende al escuchar su propia voz grabada y no la reconoce. Se trata de que te familiarices con ella y aprendas a sacar el máximo partido a tu peculiar timbre de voz. Practica con alguna frase de presentación como «Hola ¿qué tal? me llamo…» hasta que tu voz suene armoniosa y seductora. En cuanto a qué debes decir, bastará con que seas natural y sincero. Sin embargo, si quieres convertirte en un perfecto conversador, sigue leyendo estos consejos.

♦ **Evita las preguntas demasiado personales al principio.** Sé discreto. Las personas que se inmiscuyen demasiado en la vida personal de alguien nada más conocerle producen desconfianza y rechazo. Del mismo modo, explicar confidencias de terceras personas a alguien que acabamos de conocer revela una personalidad superficial, interesada en los cotilleos y murmuraciones y poco digna de confianza.

◆ **Entrénate en el arte de la conversación inteligente.** Leer la prensa, ver documentales o aprender historias reales insólitas sobre personajes emblemáticos te permitirá disponer de un amplio repertorio de temas interesantes sobre los que hablar. No se trata de que sueltes como un lorito repelente cifras y fechas sin venir a cuento, pero para convertirte en un agradable conversador es conveniente que estés informado sobre lo que ocurre en el mundo en el que vives y seas capaz de defenderte en cualquier tema. Citar pasajes de obras clásicas es algo que impresiona y demuestra una educación amplia y variada. Trata de memorizar las citas que más te gustan, los fragmentos de aquellos poemas que más te emocionaron y deslízalos en la conversación, buscando el momento oportuno, sin que suene pedante o pretencioso.

Desarrolla tu sentido del humor.

Como ya he dicho antes, el sentido del humor resulta muy seductor. Bromear es una buena manera de romper el hielo o de relajar situaciones tensas; soltar una frase ocurrente, contar algo divertido o bromear de forma amigable hará que los demás se sientan a gusto a tu lado y tú lo pases bien.

Entrénate en el seductor arte de reírse de uno mismo. y procura disponer de una colección de historias y anécdotas divertidas que hayas vivido. Cada vez que escuches un buen chiste o una anécdota humorística anótala y memorízala. No todo el mundo tiene gracia contando chistes pero bastará un poco de práctica para perfeccionar tu estilo al narrar situaciones graciosas. Ensaya con tus amigos de confianza y… ¡suéltate! En la próxima fiesta a la que asistas no habrá carcajada que se resista a tu gracia natural.

Deja hablar a los demás.

Escuchar a los demás con interés es una forma de satisfacerles y enriquecerte al mismo tiempo. Hay un viejo chiste que dice: «Bueno, ya está bien de hablar de mí. Ahora hablemos de ti: ¿Qué piensas de mí?». Nunca podrás saberlo a menos que dejes que tu interlocutor exprese lo que desee.

La naturaleza te ha dotado de una boca y dos orejas. Úsalas en la proporción correcta y aprenderás un montón de cosas. Pero si eres del tipo de persona que siempre tiene en la boca: «Oh, eso que cuentas me recuerda lo que una vez me sucedió a mí...», piensa que aunque seas maravilloso, no debes revelarlo en los diez primeros minutos de conversación. Los narcisistas son corazones solitarios. Aléjate de las historias personales antes de que la gente con la que quieres conversar se aleje de ti.

Juega con el misterio y la intriga

Descúbrete poco a poco a través de tus opiniones, emociones y acciones, explotando tu lado más misterioso y permitiendo que la otra persona te descubra lentamente y te conquiste un poco más cada día. Se trata de que mantengas viva la pasión y la dejes brillar con sutiles movimientos seductores; despertando curiosidad por conocerte mejor y el deseo de estar a tu lado.

No te entregues nunca totalmente a alguien; mantenlo ocupado explorando esa parte de ti que todavía no ha explorado. Los seres humanos somos depredadores del corazón, y una vez poseemos la presa, nos aburrimos y perdemos interés.

El espacio personal, es personal

Existen cuatro distancias zonales muy diferenciadas:

- *zona íntima (entre 15 y 45 cm)*
- *zona personal (entre 46 cm y 1,22 m)*
- *zona social (entre 1,23 cm y 3,6 m)*
- *zona pública (desde 3,6 m)*

Cuando se trata de un pariente cercano, un amigo o alguien de confianza toleramos bien cualquier intromisión a nuestra zona íntima.

En el caso de un extraño, permitimos su invasión en la zona personal y social, pero no toleramos que se acerque a nuestra zona íntima. Cuando esto ocurre experimentamos cambios fisiológicos: se acelera el ritmo cardíaco, descargamos más adrenalina en la sangre, y ésta llega más velozmente al cerebro; además los músculos están preparados para iniciar la huida o el enfrentamiento. Esto significa que rodear con el brazo los hombros de una persona a quien se acaba de conocer puede incomodarle, aunque se haga con una intención amistosa. Si queremos que los demás se sientan cómodos en nuestra presencia (sobre todo si los acabamos de conocer), debemos respetar las distancias zonales, a menos que nos hagan una clara invitación a traspasar esa barrera.

Permitir a alguien entrar en tu espacio es un asunto muy personal. Después de todo, tus movimientos constituyen un lenguaje muy íntimo y la seducción es un proceso a través del cual vamos explorando niveles cada vez más cercanos. Al principio, puedes captar la atención de una persona con la mirada, aunque esté en el otro extremo del local. Cuando tu interés es correspondido (quizá con una sonrisa o un gesto) puedes aproximarte y comenzar una conversación ¿Pero hasta qué punto puedes acercarte en un primer encuentro?

Bastará con que observes el comportamiento de tu interlocutor y trates de descifrar las señales que te envía. Si, por ejemplo, tu interlocutor cruza los brazos justo cuando tú te has adentrado en su zona íntima, es muy probable que prefiera que te mantengas a más distancia.

De todas formas, acercarse más a alguien no tiene por qué ser un *todo o nada*. Existen diversas maneras de probar los límites de la zona en la que tu nuevo amigo se encuentra cómodo. Por ejemplo, puedes acercarte a tu compañero de conversación para señalar algo interesante que haya cerca, o para quitarle una pelusita del hombro, o una pestaña de la cara... Si él o ella se echa hacia atrás o reacciona con brusquedad ya sabes que de momento es mejor no acercarse demasiado.

Cómo empezar

La mejor manera es un simple y cordial «¡hola!» seguido de una pregunta abierta. Nunca utilices preguntas cerradas, ya que sólo permiten contestar con monosílabos y por lo tanto dan fin a la conversación, debes utilizar aquellas que animen a tu nuevo amigo a pensar las respuestas.

Pero ¿cómo entablar una conversación con un perfecto desconocido? Pues solicitándole algún tipo de información; desde «¿Por qué no pondrán la parada del autobús en esta esquina?» hasta «¿Cuándo abrirán este maldito taller?» es una manera muy adecuada para darte a conocer. También es una excelente forma de enterarte de cosas mucho más personales. ¿Quieres saber si esa joven vive en los alrededores? Si es así, seguro que conoce todas las paradas de autobús, los restaurantes y las tiendas de la zona.

¿Y si la encantadora joven te da la espalda, después de todo? Pues al menos te habrás enterado de dónde está la parada del autobús. Súbete en el próximo y busca a alguien más propicio.

Estas frases te servirán para conocer algo mejor a aquella persona que ha despertado tu interés. Utilízalas y conocerás más a fondo su personalidad y descubrirás en qué grado sois compatibles.

1. Me interesa mucho conocer tu punto de vista. ¿Qué opinas de...?

2. ¿Cómo te sientes respecto a ...?

3. ¿Cómo empezó tu interés por tal *hobbie* o actividad...?

4. ¿Te gusta bailar? ¿nadar? (o cualquier otro deporte o diversión).
5. Si te tocara la lotería, ¿cuáles serían tus tres primeros deseos?
6. ¿Qué es lo que te resulta más atractivo en una persona?
7. ¿Te gusta viajar?
8. Me han dicho que eres un/a experto/a en estas cosas. ¿Qué te parece...?
9. ¿Qué has hecho durante estas vacaciones?

Finales felices

La forma de terminar una conversación es tan importante como la manera de empezarla. Y si has estado charlando con un nuevo conocido resulta crucial que la buena impresión que has causado no se evapore cuando te marches. ¿Por qué? Porque los buenos seductores no emplean sus energías en hacer que los demás se sientan mal y porque sería estúpido quemar un puente que puede que un día quieras cruzar.

Por otro lado, hay gente que cuando dice: «Ha sido un verdadero placer conocerte» es como si te estuviera dando una buena patada... En estos casos, consuélate pensando que ese encuentro se produjo gracias a tus habilidades de seductor, y no de todos los encuentros florecen amistades especiales.

Tanto si tus despedidas son demasiado bruscas como si tiendes a demorarte demasiado, aquí tienes unas cuantas maneras de despedirte que dejarán intacta la buena impresión que has causado:

◆ «Pero, ¿has visto qué hora es? No tengo más remedio que irme...».

◆ «Me encantaría seguir esta conversación en otro momento, ¿nos vemos el martes y tomamos un café?».

◆ «He aprendido mucho hablando contigo de... ¡Gracias!».

Sin embargo, en ocasiones la timidez hace que dejemos conversaciones a medias y que nos retiremos antes de poner en práctica nuestro poder de seducción, impidiendo que la charla fluya amigablemente. Un ejemplo que ilustra este caso es el de la persona tímida que reúne el valor necesario para acercarse a alguien atractivo en una fiesta y le pregunta algo como: «Perdona, ¿podrías decirme como se llama el cocktel que estás tomando...? Tiene un color tan llamativo que me han entrado ganas de tomar lo mismo». Cuando el interesante desconocido responde a su pregunta, la persona tímida suelta un «gracias» y se escabulle rápidamente antes de que la otra persona pueda decir nada más. Y entonces se siente decepcionada, porque su intento de iniciar una conversación ha acabado casi antes de empezar.

Una mejor respuesta al servicial desconocido podría haber sido algo como: «Gracias. Espero que tenga tan buen sabor como color ¿tiene alcohol?» Con este nuevo golpe, ofrecemos la oportunidad al desconocido de continuar la convesación si así lo desea y de hacer un nuevo comentario, sobre el que nosotros también tendremos la opción de responder... y sin darnos cuenta, meternos en una grata conversación.

Ejercicio

Pasa la bola
Este ejercicio es para que practiques una técnica que te ayude a seguir la conversación hasta el final.

◆ Busca una pelota pequeña (de tenis, por ejemplo) y un compañero de ejercicio. Siéntate frente a él, a una distancia de unos 60 cm más o menos, de modo que ambos estéis cómodos y relajados.

◆ Toma la pelota y lánzasela suavemente a tu compañero, al tiempo que inicias la conversación con cualquier frase que se te ocurra. Tan pronto como la coloques en la mano del otro, deja de hablar hasta que éste haya dicho algo y te devuelva la pelota. Cada vez que la bola vuelva a ti, di lo primero que te venga a la mente. No te preocupes demasiado por ser interesante o agudo al pasar la pelota. Lo más importante es que te des permiso a ti mismo para decir lo primero que te venga a la cabeza.

◆ Practica este ejercicio en tu vida diaria. Pasa la bola. Es decir, di algunas palabras y observa la respuesta del otro, sin esperar nada a cambio. Algunos dejarán caer la pelota (no responderán), mientras que otros te la devolverán con entusiasmo como señal de que desean continuar la conversación y conocerte mejor.

◆ La utilidad de este ejercicio radica en que te ayudará a lidiar con dos de los obstáculos más habituales cuando te acercas a un desconocido. Uno de ellos se presenta cuando envías la pelota demasiado pronto (hablas poco y rápido), y el otro cuando no la sueltas (no escuchas). Este ejercicio te ayudará a colocar la pelota de la conversación en manos de la otra persona de un modo amable y confiado, a la vez que aprendes a expresarte sin miedo a ser juzgado o rechazado.

Capítulo 12

Cómo conseguir
y preparar una cita

Antes sólo salía con hombres que tomaban la iniciativa. Un amigo me hizo ver que yo nunca me molestaba en seducir a nadie; me dejaba seducir. Pensé que tenía razón y le propuse una cita a un chico que me gustaba, y acabamos saliendo juntos durante un año. Ahora ya no me avergüenza tomar la iniciativa. Si alguien me gusta voy a por él… ¡Podría ser el gran amor de mi vida!

Sonia, *32 años, experta en tomar las riendas de su vida amorosa.*

Cómo conseguir una cita

Aproximarse a alguien del sexo opuesto supone un gran reto si eres una persona tímida. Sin embargo, intentarlo te dará la satisfacción de haber superado tu miedo.

◆ Antes de nada averigua si la persona que te interesa está disponible (observa si lleva anillo de casado/a, o pregunta directamente a alguien de su círculo) y si tienes posibilidades de que acepte tu invitación. Te ahorrará la vergüenza de ser rechazado.

◆ A la hora de proponerle ir al cine o a tomar algo sonríe, establece contacto ocular, coquetea y pon en práctica cualquier técnica de lenguaje corporal que se te ocurra...

◆ ¡Lánzate! No te anticipes a una respuesta negativa y piensa: ¿y por qué no? Si te dice que no, no pasa nada, no vas a morirte por ello. Además, a todos nos gusta que nos inviten a salir, es muy halagador. Seguro que, como mínimo, consigues arrancarle una sonrisa.

◆ No vaciles. Díselo abiertamente, no te atasques con muletillas como: ehhh... esto... Te ayudará si ensayas antes con tu mejor amigo. Imagina qué te dirá y prepara una respuesta en caso de una negativa. Puedes responderle algo así: «No importa. Era sólo una idea» de manera que suene condescendiente.

◆ Sé concreto. Dile: «¿Te gustaría que fuésemos al teatro este viernes a ver esta obra?». Nunca: «¿qué tal si quedamos un día de estos?».

Da el primer paso: invítale a salir

Ahora ya sabemos cómo debemos comportarnos para ser seductores e irresistibles. Pero ¿de dónde sacamos el valor para invitar a salir a aquella persona que tanto nos atrae? Pues de tu propia autoconfianza. Piensa lo siguiente ¿Qué es lo peor que podría suceder? Que te diga que no... ¿y? Al menos lo habrás intentado. Además con las técnicas que has aprendido hasta ahora un «No» es sólo una posibilidad remota. Obviamente, averigua si está disponible y si es así no pierdas más el tiempo... ¡alguien podría adelantarse!

Invitarle a salir no es más que una forma de decirle que te gusta y que te apetece conocerle mejor. Proponle salir al cine, a tomar un café, o cualquier actividad que se te ocurra y creas que puede interesarle. Si te angustia mucho su respuesta o temes que note tu nerviosismo, consigue su email o deja un mensaje en su contestador automático en un momento en el que sepas que no estará.

Por teléfono

Si lo que te asusta es el enfrentamiento cara a cara, trata de conseguir su teléfono y prueba a llamarle en uno de esos momentos en los que te sientas tranquilo, confiado y seguro de ti mismo; practica una voz suave y seductora, y alguna frase de inicio de conversación que suene sugerente y divertida como:

- ◆ ¿Quién soy? Tengo dos entradas para ir al cine y una es tuya si lo adivinas… (si no acierta a decir tu nombre puede que no esté interesado en salir contigo, aunque también es posible que no esperara tu llamada y le hayas dejado completamente fuera de juego).
- ◆ Hola, soy Laly, tu vecina, llamaba para recordarte que hemos quedado este viernes a las diez ¿Cómo? ¿No te lo había dicho? Perdona ¡Qué despistada! ¿Entonces… a qué hora paso a recogerte?

La ventaja del teléfono es que la otra persona no nos ve si nos ponemos rojos, aunque debes procurar que tu voz no suene temblorosa e insegura. Además, aunque no puedas poner en práctica las técnicas de seducción corporal que ya conoces (sonreír, coquetear con la mirada…), si te pone alguna excusa o te dice abiertamente que no, la retirada será más fácil.

El correo electrónico

Tu correo electrónico puede convertirse también en tu aliado si temes que tu voz te traicione y suene temblorosa e insegura. El único inconveniente es que tu mensaje podría perderse en el ancho mundo cibernético, sin que tú llegues a descubrir si no responde porque tu email no le ha llegado o porque no le interesas.

Cara a cara

Desde luego es la mejor manera de poner en práctica todas tus herramientas de seducción. Respira, mantente erguido, sonríe, mírale directamente a la cara y hazle tu propuesta con la voz más encantadora que seas capaz de emitir. Sé concreto en tu petición, es más probable que obtengas resultados positivos si le dices: «¿Qué te parece si vamos este sábado al concierto de Alejandro Sanz?» que con vaguedades como «¿Te apetece que vayamos un día de estos a un concierto juntos?». Si te dice que no puede, quítale importancia a la invitación: «No pasa nada, creo que mi hermana estará encantada de acompañarme». Sé valiente y no permitas que esto erosione tu autoestima. Tampoco te obsesiones después pensando cómo podrías haberlo hecho mejor o qué deberías haberle dicho para que aceptara tu invitación... Simplemente felicítate por tu valor y por haber tomado la iniciativa, al fin y al cabo, estás adquiriendo experiencia en el maravilloso mundo de la seducción. Sigue practicando y tarde o temprano acabarás convirtiéndote en un experto seductor.

Puedes invitarle a salir con tu grupo de amigos a una fiesta, a tomar algo... Es algo informal y el rechazo será menos doloroso. Pero tal vez no se dé cuenta de que es una cita y no se presente —o ¡peor aún!—, acabe liándose con uno/a de tus amigos/as.

¡Horror, que me pongo!

Tener una cita ha de ser algo divertido. Así que no te angusties pensando que algo puede salir mal. Relájate, pues simplemente se trata de pasar un rato agradable y conocer mejor a esa persona que tanto te atrae.

Si en la cita descubres que esa persona no es tu tipo o no lo pasas bien, no vuelvas a quedar con ella.

Y recuerda que sólo tienes una oportunidad de causar una buena primera impresión, así que prepárate a conciencia para ofrecer el mejor aspecto posible y disponte a pasarlo en grande.

Antes de tu cita

Ella

- Procura tener el mejor aspecto posible. Elige cuidadosamente la ropa que mejor te siente y la que te haga sentir más cómoda. Cuidado con la ropa demasiado atrevida, ceñida o escotada. Puede hacerte sentir sexy y atractiva pero si él se presenta con ropa deportiva y desenfadada quizá te invada un sentimiento de inseguridad y te sientas poco apropiada o demasiado sugerente para una primera cita. Trata de que tu aspecto sea acorde al lugar de la cita. Si se trata de un paseo por la playa o por el campo, evita los tacones y fúndete en unos cómodos y favorecedores tejanos. En cambio, si habéis quedado para ir a la ópera, elige un bonito y elegante vestido que realce tu figura.
- Arréglate, hazte un nuevo corte de pelo, o mejor aún, regálate una visita a un centro de estética y hazte una revisión completa: manicura, pedicura, limpieza de cutis... Te hará sentir segura y a gusto con tu imagen.
- Maquíllate de manera natural, realzando tus puntos fuertes y suavizando los rasgos que menos te favorecen. Un buen truco de belleza (que utilizan todas las modelos) consiste en disfrutar de un sueño profundo y reparador y beber al menos dos litros de agua diarios. Hará que tengas un aspecto resplandeciente .

◆ Si el rojo te favorece, elige alguna prenda de este color para la ocasión. Se trata de un color alegre, sexy y de autoconfianza. Además estimula los sentimientos de felicidad; mucha gente no puede evitar sonreír ante un rojo intenso.

Él

◆ Presta atención a tu estilo. Pregúntale a ese amigo tuyo tan seductor a qué peluquería va, dónde se compra la ropa, y pídele que te acompañe. Pedir consejo a una buena amiga también puede serte muy útil para tener en cuenta el gusto femenino.

◆ Cuida tu aspecto. Tu pelo debe estar impecable, sin grasa ni caspa. En cuanto al corte, ojea una revista y elige el peinado de un seductor al que admires, recorta la página y pide a tu peluquero que te peine al estilo «Brad Pitt» o «George Clooney», por ejemplo. Si te estás quedando calvo una buena opción es llevar el pelo muy cortito, o raparte al cero y dejar que tu cabeza brille al estilo «Yul Brynner». En cualquier caso, evita cubrir tu calvície con unos cuantos pelos largos, además de ser antiestético las mujeres lo encuentran muy poco atractivo.

◆ Aféitate justo antes de la cita, sobre todo si eres de barba cerrada. El look «barba de tres días» no sienta bien a todo el mundo y, por norma general, las mujeres prefieren una cara suave y bien afeitada. Si llevas barba y te favorece, ten presente que una barba que no está bien recortada y cuidada pierde todo su atractivo. Utiliza también un buen acondicionador que la perfume y la mantenga suave.

Ambos

◆ Si estás muy nervioso/a tómate algún tranquilizante natural, como tila o valeriana, o date un baño relajante con aceites perfumados. Ofrecerás una imagen serena y relajada.

◆ Trabaja tu autoestima. Usa afirmaciones que te llenen de seguridad para afrontar el reto de la cita como: «Soy estupendo/a, atractivo/a, ingenioso/a… cualquier persona disfrutaría de mi compañía».

◆ Si fumas, hazte el firme propósito de no encender ni un solo cigarrillo en tu primera cita, sobre todo si tu acompañante no es fumador. Toma conciencia de lo desagradable que resulta para un no fumador (y mucho más para un ex fumador) estar en compañía de alguien que no deja de echar humo por la boca.

◆ Recuerda además que tu aliento debe ser fresco y agradable. Para no correr riesgos (en ocasiones los nervios nos secan la boca y nos afectan al estómago) puedes comprar para la ocasión, en la farmacia, unas cápsulas de aceite de oliva que neutralizan los malos olores que provienen del estómago, o unas pastillitas de clorofila para combatir el mal aliento producido por una caries, una infección en la boca, el tabaco…

La primera cita: que sea breve

Considera la primera cita como un tiempo informal para familiarizarte con la otra persona y descubrir si realmente te gusta. El encuentro ha de ser breve y dulce, de manera que la otra persona se quede con las ganas de que la velada continúe otro día.

◆ **Hazle algún cumplido.** Piensa en todo el esfuerzo que has hecho para presentarte impecable a tu primera cita, seguro que él/ella se ha tomado las mismas molestias, así que ¿por qué no recompensarle con algunas palabras amables? Después de todo, se ha arreglado para ti y eso en sí ya es halagador. A los hombres les encanta que una mujer les halague, ya que esto significa que es amable, que tiene confianza en sí

misma y que se ha fijado en algún detalle de él. A las mujeres también nos gusta que halaguen nuestro aspecto.

◆ **Mantén una conversación ligera.** Procura que la conversación sea sencilla, pero entretenida. Durante la primera cita
no es muy acertado revelar problemas o temores personales,
y sobre todo no es el momento de hablar de antiguas relaciones y amores. Esto hará que tu acompañante se sienta incómodo.

◆ **Relájate y sé tu mismo.** Si tienes una personalidad alegre y
divertida trata de explotar tu lado ingenioso y hazle reír. Si en
cambio eres reservado, sácale partido a tu encantadora timidez, muéstrate amable y no te disculpes si te ruborizas o te
pones nervioso (Recuerda que también es su primera cita
contigo).

◆ **Busca el roce casual.** Puedes quitarle una pelusilla de la
camisa, por ejemplo. Tocar establece intimidad, demuestra
cordialidad y supone familiaridad, pero cuidado con traspasar
demasiado su zona íntima.

◆ **Sé positivo.** No te quejes de tu trabajo, tu familia, tu vida…
Es el momento de acentuar lo bueno y ofrecer lo mejor de ti.
Las emociones son contagiosas y a todos nos gusta rodearnos
de gente alegre capaz de transmitirnos su visión alegre de la
vida.

◆ **Pronuncia su nombre.** Dirígete a él/ella pronunciando su
nombre de forma lenta y suave. El sonido de nuestro nombre
en boca de alguien que nos atrae se convierte en un placer
para nuestros oidos. Fíjate en su cara cuando lo hagas.

¿Debo hacerme el duro?

El propósito de hacerse el duro es aumentar nuestro atractivo y el interés del otro, buscando el misterioso y complicando un
poco el juego de la seducción. Sin embargo, es una estrategia
arriesgada que puede producir el efecto contrario.

Las mujeres que se muestran siempre difíciles con los hombres acaban dando la impresión de ser frías, distantes o antipáticas. El truco está en dejar claro que, aunque en general te muestras inasequible y no tienes la costumbre de salir con el primer hombre que te lo pide, vas a hacer una excepción con la persona que tienes delante. El hecho de mostrarte difícil en general y accesible a ese hombre en concreto le dará la impresión de que eres una mujer muy solicitada, pero selectiva.

Consejos para hombres

◆ Habla de tus emociones. Si te resulta muy difícil mostrarte sensible sin que parezca que en cualquier momento te vas a echar a llorar, pregúntale su opinión al respecto a una buena amiga. En interés de todas las mujeres del mundo, seguro que se sentirá feliz de poder ayudarte.

◆ No alardees. Hablar sobre tus pasadas conquistas sexuales (aunque pienses que no estás alardeando) hará que una mujer se sienta una más y no una entre un millón.

◆ Demuéstrale que la estás escuchando. Asiente, sonríe y haz todo aquello que le permita darse cuenta de que le estás prestando atención y valorando lo que dice.

◆ No la trates con condescendencia. Si continuamente le llamas «cielo» o «cariño», o si le hablas como si fuera inferior en el plano intelectual, no tardará en buscarse un compañero menos sexista.

◆ Utiliza con prudencia tus conocimientos. Quizá su parloteo sobre lo mucho que tuvo que esperar en la consulta del dentista te muestre que no es una entendida en urgencias médicas, pero si le entras con «soy un cirujano maxilar de gran experiencia y opino que...», la conversación irá directa al desastre.

◆ Nunca le hagas una pregunta que deba responder con su edad como: «¿En qué año acabaste los estudios?» o «¿Qué edad tienen tus hijos?». La fobia a decir la edad es algo muy real en las mujeres.

◆ Aunque estés pensando en el sexo, no hables de él. Hay una línea muy sutil que separa el humor de la grosería y la única manera de estar seguro de que te mantienes en el lado correcto es guardarte las bromas y las insinuaciones con doble sentido.

◆ Trata de entender que cuando una mujer se viste de forma atractiva (o incluso algo provocativa) no necesariamente está deseando tener un encuentro sexual. Lo que a ti te parece una invitación evidente puede que para ella sea una simple cuestión de estilo. Es probable que esté tratando de llamar la atención, pero casi seguro que no es un tipo de atención directamente sexual. Recuerda que aunque a las mujeres les guste el sexo, detestan ser tratadas como objetos sexuales.

Consejos para mujeres

◆ Habla de tu trabajo; especialmente si te gusta. Los hombres interesantes encuentran fascinantes a las mujeres independientes y realizadas.

◆ No le preguntes cómo se gana la vida o qué coche tiene hasta que no le conozcas bien. Puede que a ti te parezcan preguntas inofensivas, pero él las puede interpretar como «¿Cuánto ganas?». Los hombres se muestran muy susceptibles con las mujeres que siempre hablan de dinero. ¿Sorprendida? Pues así es. A los hombres les molesta tanto ser tratados como «objetos de éxito», como a las mujeres ser consideradas «objetos sexuales».

◆ No hables de tu pasado. Tu reputación como animadora de fiestas salvajes o la terapia a la que te sometiste hace años puede que a ti te parezcan inofensivas cuestiones de tu pasado, pero resultarán difíciles de digerir para muchos hombres que todavía no te conocen bien. Si te apetece compartirlo con ese hombre tan especial, espera a conocerle mejor y a tener más confianza con él.

◆ Observa cómo «suena» tu forma de hablar: si cada vez te escuchan menos puede que el problema no sea tanto lo que dices, sino cómo lo dices. Graba tu voz en una grabadora y luego pídele a un buen amigo que te oiga y te dé su opinión.

◆ No te explayes con tus problemas de salud. ¿Has visto alguna vez una catástrofe que camine? Yo sí. Una noche, en una cena, vi a una mujer –muy atractiva, por cierto– amargar la digestión de los invitados con su lumbago, sus migrañas y su hipoglucemia... Ni qué decir tiene que todos los hombres trataron de mantenerse a distancia.

Para una aproximación verbal positiva

- Incluso las relaciones más complicadas empiezan con un simple saludo.
- Nunca te muestres brusco o sarcástico; y evita juzgar precipitadamente a la otra persona.
- Tienes dos oídos y una boca. La propia naturaleza te está indicando que deberías escuchar el doble de lo que hablas.
- No te cortes a la hora de hacer cumplidos siempre que sean sinceros.
- Cualquier observación intrascendente dicha de forma amistosa es una buena manera de empezar una conversación.
- Las preguntas abiertas consiguen que la gente se abra contigo.
- No te conviertas en tu tema preferido de conversación.
- Intenta sintonizar con los intereses, gustos y aficiones de los demás.

Capítulo 13

Superar el rechazo

Me acerqué a ella con educación y prudencia, le hablé durante diez minutos de lo mucho que me había interesado su exposición en aquella conferencia. Luego le pregunté si quería que fuéramos a tomar un café para seguir charlando. Lo único que recuerdo de la conversación es que me dijo que no.

David, *38 años, especialista en rechazos*

Cómo manejar un no

En los primeros años de nuestra vida, la palabra más poderosa que aprendemos es «No», y esto nos cuesta alguna que otra pataleta y enfado. Sin embargo, muchos años después nos causa miedo, nos cuesta aceptarla o nos hace sentir molestos.

Cuando nos convertimos en adultos seguimos recibiendo negativas (más a menudo de lo que quisiéramos). De hecho, las oportunidades de ser rechazados parecen aumentar a medida que crecemos; y esto afecta no sólo a nuestra vida social o familiar, sino también a nuestra seguridad y autoconfianza.

Y al mismo tiempo que aumentan las oportunidades de ser rechazados, lo hace también nuestra aprensión ante el rechazo. Es como si perdiéramos el sentido de lo que es un sano enfado ante una negativa y lo reemplazáramos por una autocrítica destructiva que nos llena de inseguridad.

Anticiparnos a un rechazo es, muchas veces, la causa de nuestros miedos infundados y la razón por la cual no nos atrevemos a intentarlo. Este sentimiento paralizador dificulta nuestras relaciones personales y acaba limitando las posibilidades de encontrarnos con gente interesante.

El caso de Miguel, un divorciado que asistió a uno de mis seminarios, cuadra aquí a la perfección. Con 32 años acababa de acceder a un puesto de trabajo de responsabilidad en una gran empresa. Tenía muy buena apariencia y un trato amable y abierto, por lo que siempre había tenido mucho éxito con las mujeres. Cuando confesó que no había tenido ningún encuentro «real» en más de dos años, todo el grupo —especialmente las mujeres— se puso alerta.

Marcia, que tiene una personalidad muy extrovertida, fue la primera en hablar: «¿Qué quieres decir cuando te refieres a *real*? ¿Las citas o los encuentros pueden ser *irreales*?»

«Más o menos» —contestó Miguel. «Voy a fiestas; salgo a tomar una copa de vez en cuando y asisto a cenas, pero siempre en grupo; casi nunca con una mujer a solas».

Entonces, yo comenté: «O sea, que te relacionas con mujeres... Y supongo que algunas de ellas te habrá interesado. Entonces, ¿por qué no le has pedido a alguna que saliera contigo?».

Miguel susurró: «No soy lo suficientemente decidido». A lo que Marcia replicó: «Pero si lo fuiste para conseguir el trabajo que querías; incluso después de estar seis meses en el paro».

Miguel, a la defensiva, contestó: «Me despidieron por un reajuste de plantilla y no te puedes tomar ese tipo de despidos como una cuestión personal. Pero que alguien te eche de su vida es un golpe muy duro».

Sin embargo, Miguel había sido despedido cuando estaba en lo más alto de su trayectoria profesional, y podía haberse tomado aquel despido como algo personal. De hecho, para la mayoría de nosotros ser despedido es el «no» más decisivo que pueden darnos en el aspecto profesional, pero Miguel no dejó que aquel rechazo lo detuviera. No se permitió a sí mismo convertirse en uno de tantos parados y potenció sus habilidades; revisó sus objetivos; ofertó lo que sabía hacer y muy pronto convirtió aquel rechazo en una oportunidad para tener un trabajo aún mejor. ¿Por qué no utilizaba la misma filosofía positiva para encontrar a la persona apropiada y compartir su vida? La verdad es que podemos cambiar nuestras vidas si cambiamos nuestra mentalidad.

Si no quieres estar solo y estás cansado de perder tiempo y energía temiendo los rechazos de los demás, ya es hora de empezar a pensar en la palabra «No» en términos más positivos; como la oportunidad de entender lo que es el rechazo realmente... Ahí van algunas verdades acerca de él.

El rechazo no es una cuestión personal

Una tarde muy calurosa, en una reunión de solteros, decidí que había llegado el momento de convertirme en una mujer liberada; así que, en lugar de esperar a que se me acercara el hombre «correcto» y me invitara a bailar, decidí seleccionar yo misma a «Míster Correcto»; dirigirme a él y lanzarme a la pista en plan Ginger Rogers.

No tardé mucho en encontrar a un candidato: un hombre con un aspecto interesante acababa de sentarse junto a la barra. Así que, ni corta ni perezosa, me acerqué armada con mi mejor sonrisa y le pregunté si le gustaría bailar conmigo.

No se lo pensó dos veces: me miró de arriba a abajo y dijo: «¡No!».

Me pareció que el tiempo se detenía y que esa palabra retumbaba en el más absoluto silencio... No era un simple «no»; era un «no» que se había oído a lo largo y ancho del planeta... En ese momento deseé que la tierra se abriera sobre mis pies y me tragara.

Sin embargo, me propuse seguir mis propios consejos y agarrar al toro por los cuernos. Me armé de valor y, nuevamente con mi mejor sonrisa, me dirigí hacia el siguiente hombre que encontré atractivo. Y no sólo bailé mucho, sino que además hice un nuevo amigo.

Más tarde, esa misma noche, el primer hombre se acercó a mí y me dijo: «Me gustaría explicarte por qué no quise antes bailar contigo... Acababa de llegar de un larguísimo viaje en tren. Estaba cansado, sudoroso y más enfadado de lo habitual... Lo único que deseaba era sentarme en un sitio cómodo y relajarme un poco».

Quizá somos tan conscientes de nuestras imperfecciones que pensamos que también son obvias para cualquiera; o quizá tendemos a menospreciarnos porque somos el objetivo más fácil de nuestra inseguridad... De cualquier manera, lo cierto es que estamos tan ocupados tomándonos los rechazos como algo personal que nunca nos paramos a pensar en las muchas razones que alguien puede tener para darnos un «no» por respuesta.

De acuerdo, el hombre de mis sueños se convirtió en una pesadilla, pero no me rechazó porque yo fuera demasiado baja o demasiado atrevida; o porque mi pelo estuviera despeinado o mi falda arrugada... De hecho, no me rechazó en absoluto; a lo que dijo «no» fue a la oportunidad de bailar, y a cambio me ayudó a desarrollar toda una filosofía sobre el rechazo.

Un rechazo es un favor

Yo le llamo «amor platónico a distancia»; tú puedes llamarlo o llamarla por su nombre propio. ¿Que cómo sé que puedes proporcionarle un nombre? Porque estoy segura de que todos, en un momento u otro, hemos visto a una persona que a distancia parece reunir todas las perfecciones de su género y colmar todas las expectativas de nuestros sueños sexuales más atrevidos. Por supuesto, pocos nos imaginamos abordando a una persona así, pero sí que lo veneramos de mil formas imposibles. Y un día sucede lo peor: le conocemos.

Resultó que mi «amor platónico a distancia» era incapaz de decir tres palabras seguidas en su propia lengua, pero para rechazarme supo muy bien usar una: «¡Piérdete!».

Y yo, ¿me quedé hecha polvo? Al principio sí. No es fácil decir adiós a una fantasía, y eso resultó ser la mayoría de sus atractivos. Pero pocos meses después me di cuenta de que aquel Adonis me había hecho, con su rechazo, un favor mucho más valioso del que me hubiera hecho con su amor; la imagen que tenía de él estaba tan inflada como un globo. Cuando clavó su agijón en aquella imagen –¡y en mi propio corazón!– me dejó en libertad para encontrar a un hombre más amable, más gentil y más real. Y eso fue justamente lo que hice.

Hasta cierto punto, todos vemos lo que queremos ver. Ésa es la razón por la que mucha de la gente prometedora que conocemos se convierte en «nada que ver con lo que yo pensaba» después de la primera cita.

Mirándolo bien, no es trascendente el porqué mi amor platónico me rechazó. Quizá se sintió intimidado por mi iniciativa; quizá se preocupó porque si se citaba con una sola chica peligraba su reputación de gigoló; o quizá porque salir conmigo le suponía perder demasiado tiempo de su programa de culturismo… Cualquiera que fuera la razón, nunca llegó a rechazarme como persona porque nunca llegó a conocerme. Y aún más importante: no se adueñó de mi tiempo y me dio la oportunidad de continuar con mi vida ¡y con el disfrute de la seducción y el coqueteo!

La moraleja aquí es obvia: los rechazos inmediatos nunca suponen un paso atrás. ¡Hay muchas oportunidades de seguir adelante! Es cierto que los rechazos duelen; pero el desconocido que te despide rápidamente no te hará perder el tiempo.

Con una filosofía positiva sobre los rechazos no tendrás tiempo para obsesionarte con alguien que realmente nunca existió. Estarás demasiado ocupado llenando tu agenda con los números de teléfono de nuevos amigos más asequibles –y más encantadores.

Dale la vuelta a un «no»

Nadie es capaz de leer la mente de los demás y sin embargo, todos intentamos imaginarnos por qué nos han rechazado. Pero no obtendremos nada de ello, no hay razón para que investigues por qué alguien te ha dicho que no. Así que te sugiero que desarrolles una filosofía del rechazo que te ayude a continuar en activo en el fascinante juego de la seducción.

Para empezar, te aconsejo algunos mecanismos de defensa; procedimientos psicológicos como la racionalización (inventar una excusa) y la proyección (dirigir la crítica o la censura al otro) para que el «no» sea más llevadero y no te hundas en la negatividad.

Puede que algunos psicólogos opinen que no es muy aconsejable emplear estas defensas y yo estaría de acuerdo con ellos si se tratara de usarlas siempre, con todo el mundo y para autoengañarnos. Pero lo que pretendo es ahorrarte sufrimiento y asegurarte que podrás continuar seduciendo. Así que no tengas el menor recelo en emplear estas técnicas.

La única excepción es que si siempre eres rechazado tendrás que buscar las razones y averiguar si algo en ti causa rechazo. Pregúntale a un buen amigo qué es lo que estás haciendo mal o acude a un terapeuta que te oriente; a veces se trata de algo tan simple como la ropa que usas o el volumen de tu voz.

Piensa en ello de esta forma: quizá le recuerdas a su ex o al bombón que le rompió el corazón (y la tarjeta de crédito) o quizá le gustan altas, delgadas y con piernas de modelo y tú eres más bien bajita y un pelín metidita en carnes.

¿Has tenido en cuenta que a él le encanta la escalada, el cámping y el aire libre, y que tú te horrorizas ante la araña más insignificante y te niegas a viajar sin tu secador de pelo?

En definitiva, no es culpa tuya que te rechacen: es evidente que no tienen buen gusto y que no han sabido apreciar tus grandes cualidades; o simplemente no tenéis nada en común. Busca cualquier excusa y sigue adelante. ¿A quién han rechazado realmente? A ti no, puesto que no te conocen. Él no entiende a las mujeres con talento y ella es demasiado seria para conectar con tu sentido del humor.

Dirigir las críticas o los reproches al otro funciona igual que buscar excusas: «Lo nuestro no funciona porque no me entiende cuando le hablo de mis investigaciones en Biología molecular»; «Odia a las mujeres con gafas»; «No aprecia mi dotes culinarias»... Cualquier cosa que te funcione y te ayude a no tomarte unl «no» muy en serio. En el juego de los solteros utiliza todas las armas que puedas para favorecer tu estrategia, y si eso significa inventar excusas o proyectar las críticas al otro, intenta hacerlo de la manera más creativa posible. Luego, levanta la vista y otea el horizonte: seguro que hay alguien ahí esperándote.

«¿Amigos? ¿Quién busca amigos?» –comentaba Ariadna, una chica a la que conocí después de una conferencia. «No necesito otro colega que me acompañe a ir de compras; lo que realmente necesito es alguien especial. Alguien a quien pueda amar».

¡Todos lo necesitamos! Pero, como le dije a Ariadna, concentrarse exclusivamente en encontrar el «romance perfecto y único» es como excavar una mina para buscar solamente el diamante más grande del mundo: si lo encuentras, todo será maravilloso, pero si no, tu búsqueda se volverá cada vez más desesperada y eso hará que te sientas muy infeliz. Y lo peor de todo: te habrás perdido todas las pequeñas gemas que podrías haber encontrado a lo largo del camino.

De breves encuentros nacen largas relaciones. Y de un millón de maneras, a cuál más sorprendente... Si no te paras a hablar con «don interesante» porque no es el «príncipe azul», te estás privando de la oportunidad de conocer a alguien que puede ser tu futuro jefe, tu mejor profesor de yoga o el amor de tu vida. Y si rechazas a una mujer porque parece demasiado modosita, remilgada o tímida, lo que estarás haciendo no es seducir, sino cazar. Y tus intenciones sexuales son probablemente más evidentes para las mujeres que conoces que para ti mismo.

Recuerda: el disfrute de la seducción consiste en que te permite explorar el mundo de hombres y mujeres interesantes sin serias intenciones. Si los actos sociales te dejan frustrado o desesperado, o necesitas reprimir tus serias intenciones en la puerta del local donde se celebra la fiesta, intenta poner en práctica esta técnica de éxito seguro: entra en el local, ponte cómodo y cuando te sientas a gusto echa una ojeada a la gente que pulule por allí. Sin hacer juicios de valor, toma nota mental de tres personas que te resulten atractivas. Cuando se presente la oportunidad, ponte a charlar con una de ellas. Si surge una chispa entre ambos, no te lances: no olvides que no tienes serias intenciones, ya tendrás oportunidad en otra ocasión; por el momento, intercambia tarjetas o números de teléfono y dirígete a la segunda que elegiste. Si a lo largo de la velada eres rechazado o ignorado, no te lo tomes como algo personal. Simplemente estrecha unas cuantas manos y busca en otro lugar una compañía más disponible.

Conozco a una persona que tiene una teoría sobre los rechazos. Isabel afirma que de cada nueve acercamientos, ocho son rechazos y uno es éxito seguro. Así que cada vez que recibe un no, hace un palito en una lista y se dice a sí misma: «bien, ya me queda menos». Esta estrategia se ha convertido en la base de su filosofía personal, y con ella ha conseguido superar cada uno de los rechazos que sufre, convencida de que le acercan al que será el definitivo «sí».

Encontrar y conocer a esa persona tan especial ha sido siempre una especie de lotería. Si consigues separar tus objetivos y necesidades más profundos del proceso del coqueteo y la seducción, la seguridad en ti mismo será mucho mayor frente a los rechazos. Y entonces me creerás cuando digo...

Un rechazo no es el fin del mundo

El Dr. Albert Ellis es un reputado psicólogo cuyas aportaciones a la psicoterapia han ayudado a millones de personas a conocer y cambiar los pensamientos destructivos que les hacían sufrir. También es un hombre que, con su experiencia ante los rechazos, puede añadir alguna perspectiva nueva a nuestra comprensión del «no» y sus consecuencias.

Este psicólogo suele contar una historia personal para ilustrar el tema del rechazo. Como cualquier otro joven un tanto tímido, el Dr. Ellis estaba deseoso de conocer chicas de su edad. Un día que iba paseando hacia el puerto, decidió que ya era hora de superar el miedo irracional que sentía ante la posibilidad de verse rechazado. Eligió un banco situado en un lugar soleado y bonito y se marcó un objetivo: iría a ese banco todos los días del mes de junio y le pediría una cita a todas las jóvenes que se sentaran a su lado.

Las chicas fueron acercándose al banco para descansar un rato, y todas y cada una de ellas fueron abordadas por el Dr. Ellis, que tras una breve charla les hacía su proposición para salir. Al final del mes, el hombre brillante que un día sería conocido como el padre de la Terapia Emotivo-Racional, había pedido una cita a un centenar de mujeres, y noventa y nueve le habían dicho que no. Entonces se consoló pensando que al menos había conquistado a una; pero la joven no se presentó a la cita.

«Entonces, ¿cuál es la enseñanza de esta historia? ¿Que hasta los genios pueden recibir un «no» por respuesta?» –preguntó Benito, un estudiante de psicología que participaba en mis cursos. «No me parece que eso sea muy tranquilizador, ¿o sí?».

Para la mayoría de las personas que acuden a mis cursos, sí que lo es. Saber que el rechazo es algo que puede sucederles a ejecutivos, millonarios, artistas e incluso a renombrados terapeutas ayuda a desdramatizar el que nos suceda a nosotros. Pero ésa no es la moraleja de esta historia...

Como dice el Dr. Ellis, los rechazos experimentados durante todo un mes le hicieron aprender dos cosas importantes; primero: no es absolutamente necesario para el equilibrio mental y el bienestar propio que nos quiera toda la gente que conocemos; incluso es preferible que no sea así. Segundo: no hay que tenerle miedo a un rechazo; incluso si te lo sueltan de mala manera. Él mismo ideó el peor de los casos, lo experimentó y sobrevivió para contarlo. En lugar de tener la sensación de que aquello era el fin del mundo se dio cuenta de que una nueva etapa de su vida comenzaba; y una etapa, además, mucho más libre de miedos y timideces.

«Si algo así me sucediera a mí, en vez de convertirme en psicoterapeuta, me iría directamente a la consulta de uno» –dijo Marta, una amiga soltera.

Le dije que supeditarse a los caprichos y deseos de los demás, te hace vulnerable ante tus propios miedos y fantasmas. Si, como Marta, te paralizas pensando en lo que podría suceder, y no actúas porque siempre te pones en el peor de los casos; es hora de que pongas fin a esa sensación de que el mundo se acabaría si te dijeran que no.

Intenta lo siguiente: imagínate sentado en el lugar donde viste por última vez a una persona que demostró algún interés por ti. Visualízate componiendo tu mejor sonrisa y acercándote a ella. Ahora imagina que esa persona tan atractiva te rechaza de mala manera. Cuando le propuse este ejercicio a Marta, inmediatamente recordó un mal encuentro en el supermercado con un joven guapísimo: «Me imaginé que le preguntaba algo inocente, como si sabía dónde estaban colocados los donuts. Me miró como si pensara que estaba loca, y exclamó: '¿Los donuts? ¡No puedo creer que alguien en su sano juicio pueda comer semejante basura! ¿No sabes que los donuts no son más que grasas polisaturadas y colesterol?'». Marta continuó: «Y ahora viene lo peor: me miró de arriba a abajo y sacudió la cabeza; luego, muy disgustado, me dijo: 'donuts... y seguro que luego no entiendes por qué tienes esos muslos de vaca'».

El encuentro imaginario de Marta tiene todos los elementos básicos, incluyendo el insulto a la inteligencia; el ridículo físico y el más ultrajante rechazo. ¡Nunca supo dónde estaban los donuts!, pero el ejercicio produjo los efectos deseados. Marta había experimentado imaginariamente lo peor que podría haber sucedido. Sintió el dolor y la humillación del momento, pero al final pudo contarlo y reírse de todo aquello. «Lo que al Dr. Ellis le costó un mes y cien rechazos, yo lo he descubierto en cinco minutos!» –celebró, risueña.

«¿Y qué es?» –le pregunté, feliz de comprobar que la visualización había dado resultado.

«Que nadie se muere por muy embarazosa que llegue a ser una situación. Aunque, por un momento, tengas ganas».

Algunos meses después, Marta se sentía más viva que nunca y feliz de sus encuentros con un hombre a quien había conocido en la biblioteca. ¿Y qué pasó con el «fantasma» del supermercado? No solamente lo vio de nuevo, sino que lo abordó. Y como si su encuentro anterior se hubiera vuelto del revés, lo encontró frío como un pescado congelado; así que se despidió de él y siguió su camino.

Los desengaños, las decepciones y las depresiones forman parte de la vida, pero eso no es razón para que mires el mundo con pesimismo. El siguiente ejercicio no está pensado para fabricar un escudo que proteja tu ego de los rechazos, pero puede ayudarte a que te tomes la vida con alegría y optimismo.

Ejercicio

Recuerda lo maravilloso que eres
Haz una lista de tus logros.
Incluye tus especialidades; éxitos profesionales; habilidades y todos aquellos atributos personales que más te gustan de ti. Luego guarda la lista en la cartera, en la agenda o en cualquier otra cosa que lleves siempre encima; de manera que puedas leerla cada vez que te diriges a una cita, o releerla después de un rechazo.
Si te asaltan dudas de lo maravilloso que eres... echa una ojeada a la lista.

Lectura entre líneas

Conocer a una persona interesante es como empezar un libro apasionante; nos invade una gran curiosidad por saber lo que nos deparará el capítulo siguiente. Pero cuando un encuentro termina en rechazo, es como si el libro se acabara de repente, dejando en el aire un montón de preguntas sin resolver.

Sin embargo, cada minuto que emplees tratando de averiguar los pensamientos secretos y las escondidas razones de la otra persona, es un minuto perdido, ya que nunca conseguirás saber sus razones.

El siguiente ejercicio te permite responder tú mismo a las preguntas. Una vez que lo hayas hecho, puedes dejar de preocuparte por lo que salió mal, y empezar a buscar a don / doña Estupendo/a.

1. No fue culpa mía, porque...
2. Me entendió mal, porque...
3. Me dijo que no por su...
4. No era adecuado para mí, porque...
5. Estoy feliz de que me dijera que no, porque...

Y ahora, una nota final: ser rechazado es una decepción íntima y personal. Quizá esperabas que tu primera cita se convirtiera en un flechazo; quizá te hubieras sentido más que satisfecho si hubieras aceptado que se trataba sólo de deseo. Cualquiera que sea tu fantasía, el sueño de encontrar a ese alguien tan especial es algo a lo que no debemos renunciar.

Pero prescindir de la autocrítica destructiva y no dejarse vencer por las cotidianas decepciones que nos procura la vida son habilidades que todos podemos aprender y potenciar. No permitas que las emociones destructivas socaven tu autoestima.

Ejercicio

Camino del «sí»

Anota en una hoja nueve «noes» y un «sí» Cada vez que te rechacen, tacha un no de la lista y piensa que te queda menos para llegar al «sí».

Si todavía te tomas las negativas de una forma personal y te culpas por ello, intenta llevar un diario de rechazos siguiendo este esquema: en la primera columna, anota lo que tú hiciste para acercarte a la otra persona; en la segunda, la respuesta negativa. La tercera está reservada a consideraciones positivas; úsala para hacer una relación de tres razones por las que la otra persona pudo haber rechazado tu invitación –¡pero no a ti!

Ejemplo:

1. yo dije: ¿Te apetece que vayamos esta noche a comer sushi a un restaurante japonés que ha abierto un amigo mío?

2. Él/ella dijo: Lo siento, pero no me gusta el sushi.

3. Consideraciones positivas: Realmente no le gusta el sushi / No sabe qué es el sushi / Es alérgica al pescado crudo

Resumen sobre el rechazo

- Todo el mundo ha sido rechazado alguna vez.
- Desarrolla una filosofía del rechazo. No lo personalices: no ha sido a ti a quien han rechazado, sino a la posibilidad de intimar.
- No te regodees en el «no» más reciente. Busca a otra persona.
- Nadie se muere porque le pisoteen el ego –aunque en esos momentos uno quiera que le trague la tierra.
- No intentes leer la mente de los demás, no eres adivino.
- Coquetear y seducir no debe tener un objetivo fijado de antemano. Deja a un lado las intenciones serias.
- No te anticipes al «no». Mantente siempre en el «aquí y ahora».
- Las decepciones no tienen por qué significar un paso atrás. Siempre hay nuevas oportunidades de seguir adelante.
- No malgastes tu vida buscando «el diamante perfecto»; te perderás muchas joyas que están en el camino.
- Y sobre todo, recuerda que encontrar a la persona ideal es como una lotería, todo lo que necesitas es que te toque, y para ello ¡tienes que participar en el juego de la seducción!

Capítulo 13

Conviértete
en tu mejor amigo

«No soy lo suficientemente atractiva... ni inteligente, ni elegante, ni esbelta, ni interesante...» Esto es lo que solía pensar de mí misma para justificar mi falta de valor para enfrentarme a cualquier reto: desde acercarme a un hombre interesante, hasta aspirar a un mejor puesto de trabajo. Me aterraba que me conocieran mejor y pudieran pensar que soy insulsa o poco inteligente. Pero cuando cambié el concepto que tenía de mí misma, empezaron a pasarme todo tipo de cosas buenas: le pedí a mi jefe un aumento de sueldo, y me lo concedió; y los hombres que siempre me gustaron empezaron a acercarse a mí. De repente parecía como si llevara puesto un letrero que dijera: «soy encantadora».

Ana, 34 años, sobre la importancia
de ser nuestro mejor amigo

Dice que te llamará, pero luego no lo hace. Asegura que haría cualquier cosa por ti, y termina haciéndote todo tipo de cosas inaguantables. Sin embargo, por muy confusas, frustrantes o desagradables que puedan resultarnos ese tipo de cosas que nos hacen nuestros amigos, ligues o amantes no se pueden comparar con los procesos mentales autodestructivos que empleamos contra nosotros mismos.

Y eso demuestra que la mayoría de nosotros no necesita buscar enemigos fuera; nosotros solitos somos capaces de hacer el «trabajo sucio». Sin embargo, los pensamientos negativos producen acciones negativas. Y tanto si estás trabajando como seduciendo, una acción negativa te impedirá hacer –y conseguir– lo que te hayas propuesto.

En este capítulo hablaré de los obstáculos y trampas que echan por tierra los esfuerzos por seducir. El objetivo es ayudarte a que te veas a ti mismo como tu mejor aliado y enseñarte a tratarte como tal.

¿Preparado para convertirte en un seductor/a amable y elegante? Pues... ¡A trabajar!

Los únicos obstáculos que realmente cuentan son los que nosotros mismos nos ponemos. Empezaremos por acabar, de una vez por todas, con la costumbre de pensar siempre en negativo.

Reprograma en positivo tu parloteo interior

Todos tenemos una voz interna muy molesta que nos critica, nos hace dudar de nosotros mismos y nos cuestiona constantemente. Para algunas personas (seguras de sí mismas) esta voz crítica es constructiva y les plantea preguntas que les impulsa a evolucionar y mejorar en sus relaciones personales: «¿Es esto lo que realmente quieres?» o «¿Te sientes querido, respetado, valorado… por esa persona?». Pero para otros, esta voz llega como una apisonadora: «¿Quién te crees que eres» o «¿Qué te hace pensar que puedes gustarle?» «No eres nada atractivo. No vales nada»…

Las críticas constantes de tu voz interna pueden hacer que te sientas inseguro y dudes de tus capacidades, erosionando tu autoestima y confianza. Respetarte implica dejar de maltratarte con pensamientos de autodesprecio y empezar a comportarte como un verdadero amigo para ti. Ésta es la única forma de acallar cualquier pensamiento negativo y de baja autoestima que aflore en nuestro interior.

En ocasiones, vivimos situaciones que nos llenan de inseguridad y hacen que nuestra autoestima se tambalee, como en el caso de Tomás:

> *Mi relación con Marlen no iba muy bien. Me sentía atraído por ella, pero no teníamos nada en común y ambos sabíamos que la relación no iría a buen puerto. Sin embargo, cuando Marlen confirmó todas mis sospechas, me sentí fatal. Me pidió que me sentara y me dijo que aunque yo era una gran persona no habíamos conectado. Le dije que lo entendía, le besé en la mejilla y le deseé buena suerte. Pero de camino a casa empecé a preguntarme qué era lo que había hecho que Marlen rompiera conmigo. ¿Mis estúpidas bromas, quizá? ¿Mi conversación aburrida? ¿Tendría que haberme mostrado más romántico? Apenas dos días más tarde estaba tan lleno de dudas que la llamé para preguntarle si había hecho algo que la hubiera ofendido. Me dijo que no, pero entonces me sentí más negativo que nunca: «No valgo para nada»; «Lo hago todo mal».*

La voz crítica de Tomás no dejaba de culparle del fracaso de su relación. Su autoconfianza había sufrido un duro revés y su enemigo interno aprovechaba la ocasión para torturarle. El autodesprecio y las creencias irracionales llegan a convencernos de que no debemos esperar demasiado de la vida porque realmente no lo merecemos.

Pero este monólogo negativo se puede reprogramar con facilidad para reafirmar en vez de socavar; para ayudar en lugar de sabotear. Aquí tienes un método para ello tan sencillo como el A B C.

Un modelo de autoayuda

En este capítulo vas a aprender a usar el modelo ABC para identificar todas aquellas situaciones que te generan algún conflicto.

A: Identificar la situación que activa el pensamiento irracional
B: Cambiar tu *sistema de creencias irracional.*
C: Buscar consecuencias emocionales más felices y enriquecedoras.

¿Cómo funciona este modelo?

Lo voy a ilustrar con un ejemplo muy sencillo:

A: Un hombre se dirige al ascensor, recibe un golpe por detrás en la pierna y siente dolor.
C: Se enfada muchísimo.

En este punto, la mayoría de nosotros sentimos que A provoca C, o que recibir un golpe provoca enfado. Pero el hombre se gira y se da cuenta de que quien le ha golpeado es ciego; se le pasa el enfado y su sentimiento de rabia es sustituido por compasión. Ahora puede que esté algo molesto, pero el sentimiento de furia ha desaparecido. ¿Por qué? Si A siempre provocara C seguiría estando enfadado; pero tenemos más control del que creemos sobre nuestra C, en la medida en que programamos B o nuestro sistema de creencias.

B es lo que nos decimos a nosotros mismos a partir de cómo percibimos una situación. El hombre del ascensor ha alterado su

B; su nuevo sistema de creencias le dice: «Este hombre no me ha golpeado a propósito ni trataba de hacerme daño», e inmediatamente siente simpatía por él y se da cuenta de que no ha sido culpa suya. Su enfado se transforma en comprensión, demostrando que A no necesariamente lleva a C.

Este ejemplo viene a decirnos que podemos controlar nuestras emociones, variando nuestros pensamientos y eliminando nuestras creencias absurdas e irracionales.

Si empleamos creencias racionales, eliminamos los pensamientos retorcidos y nos hablamos a nosotros mismos desde una perspectiva diferente a la del pensamiento irracional, todas nuestras C se volverán menos serias e importantes.

Cuando Tomás explicó su experiencia, inmediatamente identificó la A (la situación activadora que provocó sus sentimientos) y la C (consecuencia emocional de su interacción con Marlen). Pero el escenario completo no se le hizo evidente hasta que lo vio en un papel:

A: Marlen le dice a Tomás lo que él ya sabe: que no tienen nada en común y que no hay química entre ellos.

C: Tomás se va a su casa y empieza a sentirse cada vez más autodestructivo y deprimido.

Tomás miró el esquema con una expresión burlona: «Pero si esto no tiene sentido...» –comentó. «El punto A es exacto, y por mucho que me cueste admitirlo, C recoge las consecuencias emocionales que sentí, pero si la situación activadora se supone que es la razón por la que yo me sentí tan desquiciado, ¿cómo es que A no conduce a C? Aquí falta algo».

Entonces, yo intervine: «Pero es justamente así, Tomás, la situación activadora no conduce a las consecuencias emocionales; es tu sistema de creencias irracionales quien lo hace y quien te hace sentir así».

«¿Yo, irracional?» –Tomás me miró perplejo esperando a que le diera una explicación.

«Créeme; verás cómo lo vas a ver muy claro» –le dije. «Pero primero, deja que te cuente una historia: hay tres mujeres jóvenes que tienen líos con hombres casados. La mujer número uno está sola y deprimida; quiere llamar a su amante a casa y encontrarse con él, aunque sabe que está con su mujer. Siente que él debería llamarla los fines de semana y dejar a su mujer si realmente la ama. Como no le gusta ser segundo plato, se siente miserable y a veces siente deseos de suicidarse».

«La segunda mujer es una actriz y se siente plenamente satisfecha con su relación. El hombre le ha regalado cosas que ella nunca podría haberse comprado... El tiempo que no pasa con él en hoteles deslumbrantes lo tiene libre para continuar con su afición al teatro. No pide nada más y considera que el arreglo es perfecto».

«La mujer número tres tiene una perspectiva completamente diferente de la situación: no es especialmente feliz pero tampoco está demasiado triste. Sabe que no hay futuro en invertir todo su tiempo en una relación con un hombre casado, así que cuando no está con él intenta buscar a un hombre soltero. Y tiene la firme intención de que cuando lo encuentre pondrá fin a su relación actual sin mayor problema».

«Así que ya ves –concluí– tienes tres mujeres en una situación en principio similar, pero que provoca reacciones totalmente diferentes en cada una de ellas. Obviamente su situación activadora es la misma, pero su sistema de creencias (lo que piensan que debería suceder o podría suceder para colmar sus expectativas) es muy diferente». Pude comprobar por el brillo de los ojos de Tomás que había captado el sentido de la historia. Tomé un bolígrafo para completar el esquema.

«Ahora, piensa un momento: ¿qué creencia irracional tienes acerca del efecto que la decisión de Marlen debería producir en ti? ¿Qué te has dicho a ti mismo acerca de la ruptura que no hemos puesto en el esquema de antes?».

Tomás respondió: «Que rompió conmigo porque dejé de gustarle y que yo podría haber sido más atento con ella».

«Correcto. Y si es así, el esquema completo quedaría más o menos así»:

A: Marlen le dice a Tomás lo que él ya sabe: que no tienen nada en común y que no hay química entre ellos.
B: Tomás empieza a preguntarse si, de alguna forma, no será responsable de esa falta de sintonía: ¿Debería haber actuado de manera diferente? ¿Se mostró arisco? ¿Poco romántico?
C: Tomás se va a su casa y empieza a sentirse cada vez más desquiciado, autodestructivo y deprimido.

«Ahora sí –exclamó Tomás. Es mi sistema de creencias lo que hace que me sienta así, no la actitud de Marlen».

Exactamente: Tomás sabía que Marlen y él no estaban destinados a ser Romeo y Julieta mucho antes de que Marlen rompiera las relaciones, por lo que fue un motivo no racional el que hizo que se sintiera inseguro con la ruptura. Entonces, ¿de dónde vienen las consecuencias emocionales? Tomás vaciló al responder: «¿De mi negativo monólogo interior?». ¡Sí! Si pudieras sintonizar los pensamientos que dan forma a tus creencias irracionales, sonarían como algo parecido a esto: «No le gusto a Marlen. Ella ha tenido muchas experiencias con hombres más interesantes que yo; eso significa que no soy lo bastante bueno, ni interesante para Marlen, ni para ninguna otra mujer. Seguro que he hecho algo mal, porque si no me encontraría más atractivo».

«Eso me suena más o menos correcto –admitió Tomás–. Pero todavía no me has dicho cómo puedo parar ese monólogo tan negativo».

Le expliqué a Tomás que un monólogo negativo es una máquina de tracción continua y que no hay forma de pararla, pero sí era posible borrar los *debería* los *podría* y los *tendría que* del pensamiento de Tomás. Y eso se produjo en el momento en que tuvo la fuerza suficiente para deshacer el retorcido nudo que encadenaba los mensajes negativos en su mente. Todo lo que tuvo que hacer fue dotar a su voz interior otros razonamientos que reflejaran creencias racionales en lugar de los negativos e invariables generados por su monólogo inconsciente.

Tomó un bolígrafo y escribió:

«Si Marlen es tan inteligente ¡debería saber que me aburría con ella! Y si yo no soy su tipo, ¡ella tampoco es el mío en absoluto! Me hizo un gran favor con la ruptura. Me he dado cuenta de que no tengo por qué fingir en mis relaciones. Y me alegra no tener que seguir perdiendo el tiempo con una mujer que no me aprecia».

Para mayor claridad, la situación de Tomás podría resumirse de la siguiente manera:

1. Creencia negativa

A: Marlen le dice a Tomás que no tienen nada en común.

B: Tomás cree que ha hecho algo mal y empieza a culpabilizarse.

C: Ego destrozado, ansiedad, autodesprecio...

2. Creencia positiva

A: Marlen le dice a Tomás que no tienen nada en común.

B: Tomás está contento y se siente libre. No le gustaba la relación que tenía con ella y se sentía prisionero.

C: ¡Todo está bien! Me siento liberado y feliz.

Como dijo el poeta: «En este mundo traidor, nada es verdad ni mentira; todo depende del color del cristal con que se mira». Tomás pudo elegir entre continuar con su sistema de creencias irracional, y por tanto, con sus secuelas de depresión y autodesprecio; o con su sistema rectificado, basado en pensamientos reales, que le permitiría sentirse liberado con el final de una relación que estaba ya muerta y abrir las puertas a nuevos encuentros y relaciones.

Salir a flote

Por supuesto que muchos de los desengaños de la vida no se resuelven de una forma tan clara y rápida... La pérdida del trabajo que nos gusta o de una pareja a la que amábamos siempre va acompañada de tristeza, desengaño e inseguridad. Sin embargo, todas esas emociones no tienen por qué hundirnos; como comprobó mi amiga Zaida cuando su largo romance llegó al final:

Zaida y Raimundo nunca se casaron, pero estuvieron viviendo juntos cerca de once años. Durante todo ese tiempo lo compartieron todo; desde el dinero y las tareas del hogar hasta sus más íntimos secretos. Por eso fue un poco irónico que la buena voluntad de Raimundo para descubrirse ante Zaida, provocara el último aliento de su relación. Una noche, después de cenar, Raimundo le confesó que tenía una aventura con una recién divorciada a la que él mismo había asesorado como abogado. Cuando Zaida me lo contó, me dijo: «Desde entonces no he tenido ni un momento de descanso».

«Yo, que pensaba que el sol brillaba para realzar a mi perfecto amante, y de pronto me encuentro con que mi querido Rai estaba siendo el perfecto amante de otra... ¿Cómo crees que me siento?» —exclamó Zaida, con la voz dominada por la ira. «Como una loca, ¡así es como me siento! Ahora todo el mundo me dice que tengo que salir de casa; que necesito encontrar a otro hombre... ¿Para qué? ¿No me han humillado ya bastante?

Lo que realmente necesitaba Zaida era dejar de darse golpes a ella misma. Por supuesto que muchas de sus percepciones eran correctas: Rai la había traicionado y era natural que se sintiera humillada. También había destruido la maravillosa imagen que tenía de él, y eso la hacía sentirse desilusionada; casi enloquecida. Y aunque deseaba dejar que Rai se marchara libremente, el sentimiento de rabia que había empezado a sentir hacia él, no le dejaba. Peor aún, había empezado a dirigir esa furia contra todos los hombres... y contra sí misma.

Cuando detallamos la situación de Zaida siguiendo el esquema ABC nos encontramos con algo parecido a esto:

A: Raimundo traiciona la confianza que Zaida había depositado en él y su dependencia tras una convivencia de once años al tener una relación con otra mujer.

B: Zaida cree que su amor por Rai la ha tenido engañada durante años. Siente que se ha comportado como una tonta. Los hombres están podridos, ¿quién los necesita?

C: Zaida está furiosa con Rai por dejarla, furiosa con sus amigos por sugerirle que continúe con su vida, y hostil contra todos los hombres por su conducta arrogante con las mujeres que los aman. Y sobre todo, se siente atemorizada y sola.

Es muy difícil observar nuestra propia conducta con objetividad, pero cuando le alargué el papel a Zaida empezó a ver su situación con una luz diferente y reconoció sus creencias irracionales: «Esta mujer es un caso, ¿no es cierto? –comentó–. No me gustaría tener por amiga a una persona así, ¡y resulta que soy yo!». Como terapeuta le ayudé a cuestionar sus creencias irracionales y a examinar de nuevo los pensamientos destructivos que la estaban haciendo sentirse tan miserable. Y eso fue todo lo que Zaida necesitó de ayuda psicológica para pasar a la siguiente etapa. Escribió su alternativa con un placer diabólico.

B: Zaida siente que su amor por Rai le volvió ciega ante sus defectos. Pero esto le ha servido para no ser tan confiada».

Zaida sonrió y se encogió de hombros. «Todavía estoy furiosa —admitió—, pero he pasado once años con Rai, y no tiene sentido perder ni uno más hurgando en los detalles de una relación que se ha roto. Y ¡quién sabe!, a lo mejor empiezo a salir de casa cuando pase algún tiempo y conozco a un hombre que me guste y me libero de la rabia de una vez por todas. Ya no tengo a Rai para que cuide de mí, así que tendré que empezar a cuidar de mí misma».

Y en eso consiste ser tu mejor amiga: en cuidar de ti misma y tratarte con el mismo amor y respeto que empleas con los demás.

En la Terapia Emotivo-Racional he encontrado un método muy funcional para mandar mi monólogo inconsciente y negativo a descansar. Y si le añades al modelo ABC la opción D (disputar o poner en cuestión),esta terapia puede convertirse en un paradigma de autoayuda que puedes aplicar a tus esquemas de pensamientos negativos y eliminar algunas de tus creencias irracionales más frecuentes: los *debería, tendría que* y las exigencias que siempre nos estamos haciendo a nosotros mismos y a los demás, así como la idea de que necesitamos ser perfectos en un mundo que es imperfecto. También nos ayudaría a ser más amables con nosotros mismos aceptar que somos seres humanos y que no tenemos por qué ser siempre aceptados y queridos por todo el mundo.

La D es una técnica de control que puedes usar para poner en cuestión tus creencias irracionales. Pregúntate a ti mismo/a: ¿Cómo sé que las cosas son así? ¿Dónde está escrito? Inventa un diálogo contigo mismo con el que logres averiguar qué es lo que te estás diciendo a ti mismo y en qué se basa: «¿Debo creer eso o aquello porque ya no le gusto? Es cierto que mi relación se ha ido a pique, pero no por ello soy un/a fracasado/a». Recuerda todas las veces en las que él o ella te dijo lo irresistible que eres y todos los romances maravillosos que has tenido.

Si pudiéramos aplicar algunos de los principios de la Terapia Emotivo-Racional conseguiríamos modificar nuestros sentimientos más extremos y cambiar depresión por tristeza; devastación por desengaño y furia por enfado. La segunda de cada una de estas emociones no es tan dañina ni autodestructiva, y nos permite actuar para resolver nuestros problemas en lugar de sentirnos paralizados e incapaces de hacer nada.

En el modelo ABCD puedes encontrar una técnica muy positiva que te permitirá sobreponerte a las cosas negativas de la vida y sacar el máximo provecho de mi próximo consejo para ser feliz con la seducción...

Capítulo 15

Sigue buscando...
¡hay miles de sorpresas!

El dicho de «quien la sigue la consigue» funcionó a la per-
fección en mi caso. Llevaba enamorado de Lucía desde pri-
maria. Así que cuando coincidimos en aquella fiesta hace
tres años me propuse no dejarla escapar. Estaba feliz de vol-
ver a verla. Habían pasado quince años y ella seguía tan
radiante como siempre, tan guapa... Pero Lucía no se acor-
daba de mí. Le invité a una copa y le propuse salir otro día
para hablar de viejos tiempos, pero ella me dijo que estaba
muy ocupada y que además salía con David Angulo (¡El
musculitos de octavo curso!) Aun así me dio su teléfono y
me prometió que buscaría mi foto en el anuario escolar
para refrescar su memoria. Pensé que lo mejor sería olvidar-
me de ella, pero al cabo de dos meses, después de pensar
todavía más en ella, y armándome de valor, la llamé. Mi
sorpresa fue enorme cuando me dijo: «Por fin llamas, creí
que nunca ibas a hacerlo... busqué tu nombre en el anua-
rio y ya sé quién eres. Aún conservo la poesía que dejaste en
mi pupitre cuando teníamos diez años...¿qué haces este
viernes?». Para aquel entonces ya se había cansado del mus-

culitos y estaba deseosa de incorporar a su vida un romántico enamorado como yo...

Carlos, 30 años, sobre la importancia de intentarlo otra vez

Inténtalo otra vez

El caso de Carlos ilustra a la perfección el hecho de que a veces debemos darnos una segunda oportunidad en la seducción y volver a intentarlo. Si te rindes a la primera, como hizo Marcela, una mujer que asistió a uno de mis cursillos, nunca descubrirás todo tu potencial seductor y te sentirás fracasar al primer intento.

El primer día que Marcela asistió a mi cursillo tenía aspecto de querer comerse el mundo, estaba deseosa de conocer a gente interesante, de hacer amigos... Sin embargo, la siguiente vez que nos encontramos, apenas me miró. Después de clase le pregunté qué le ocurría y me dijo: «A decir verdad no pensaba venir esta noche. La última vez que estuve aquí hice lo que nos dijiste. De camino a casa me paré en un bar y establecí contacto visual con un hombre al que ya había visto antes. Al principio, una especie de sonrisa me animó para invitarle a una copa. Lo que sucedió después está escrito en mi cara y lo único que puedo decirte es que deseé que alguien gritara ¡fuego! para poder escabullirme discretamente a la calle».

«Espera un momento –le dije. ¿Por qué dijo que no quería tomar una copa?».

Marcela hizo gestos con las manos, como si estuviera intentando hacerme desaparecer: «¡Y yo qué sé! Primero dijo que tenía que conducir hasta casa de sus padres y después algo acerca de la hora... pero, ¿qué importa eso? No soy una seductora natural y nunca voy a comportarme otra vez de una manera tan estúpida... Nunca».

Si Marcela no se hubiera anticipado al rechazo se hubiera dado cuenta de que su nuevo amigo estaba diciendo que no a una copa; no a una charla amistosa. Y si se hubiera sintonizado con esa actitud habría notado que el joven le estaba pidiendo otra oportunidad en una noche más propicia, sin rechazarla de plano y para siempre.

Por desgracia, Marcela llevó a cabo su amenaza: abandonó las clases y la oportunidad de ser un miembro activo y funcional en el mundo de los solteros. La clase la perdió a ella y el joven del bar también...

En este libro he descrito la vida del seductor como un viaje perpetuo; lleno de experiencias y gente fascinante. En mi opinión, la carretera que conduce a la felicidad está llena de curvas, la vida tiene infinidad de opciones y más rutas alternativas que obstáculos en el camino. Ésa es la razón por la que me entristece encontrarme con solteros autodestructivos como Marcela, que se envió a sí misma mensajes como «Última oportunidad para seducir» o «Camino sin salida: ¡da la vuelta!».

La seducción no es una vía directa al matrimonio, al sexo o algún otro destino que tengas en mente. No puedes esperar obtener lo que pretendes al primer intento; ni siquiera al segundo. ¿Qué pasa si ese hombre tan guapo no quiere bailar contigo? Pregúntale si acepta el reto de jugar contigo al billar o comer una pizza. ¿Y si dice que te va a llamar y luego no lo hace? ¡Pues hazlo tú! ¡No te des por vencido/a!, porque eso sí que no te lleva a ninguna parte.

Es evidente que el consejo es: «Inténtalo otra vez», y no «Inténtalo hasta que el objeto de tus deseos se vea obligado a contratar guardaespaldas para protegerse de ti». Todos conocemos a gente que cae fatal en los primeros encuentros pero que, de alguna forma, se las arregla para alcanza su objetivo; y también conocemos a otros que simplemente no aceptan un «no» por respuesta; por más claro que se lo digamos.

Existe una línea muy fina entre la persistencia y el acoso; no caigas en el error de hacerte pesado/a. Si él o ella no te mira, no te sonríe o no hace ningún movimiento de aproximación, estás perdiendo el tiempo. Inténtalo otra vez, pero ahora con alguien más asequible.

¿Le quieres de verdad?

En ocasiones confundimos amor con enamoramiento e idealizamos al objeto de nuestros deseos y desvelos. El enamoramiento se define como un «intenso e insensato amor y admiración». No quiero decir que este tipo de amor sea siempre insensato, pero generalmente está más basado en la fantasía que en la realidad.

Raramente conocemos bien a la otra persona; puede que la hayamos visto sólo una vez en el autobús... Sin embargo, le atribuimos toda clase de atractivos.

Este tipo de enamoramiento secreto se caracteriza por la euforia y por pensar en él a todas horas. También podemos estar preocupados, insomnes y ansiosos esperando a que suene el teléfono, incluyendo a esa persona en todos nuestros planes, visualizándola a todas horas y en cualquier lugar. El arrebato es extraordinario y estamos en permanente estado de excitación.

Todos hemos pasado por esa situación ¡y nos encanta! El cosquilleo que sentimos en el estómago y la excitación de nuestro cuerpo nos resulta de lo más agradable. Pero si quieres averiguar si esa persona está interesada en ti y puede llegar a ser algo más que una quimera, es necesario que actúes.

¿Por qué te quedas, entonces, alelada admirando sus músculos en el gimnasio y nunca le dices nada? ¿Por qué pierdes el tiempo en clase suspirando y contemplándola con admiración, si luego sales disparado en cuanto suena el timbre sin despedirte siquiera? ¿Por qué te limitas a enviarle cartas de amor anónimas? Las razones son variadas: puede ser timidez, miedo al rechazo, terror al compromiso o disfrute de la fantasía...

Cualquiera que sea la razón, lo cierto es que los que están inmersos en un enamoramiento secreto ejercen sobre nosotros una atracción muy intensa. Los psicólogos nos dicen que la química sexual está basada en lo que podríamos llamar «mapas del amor»: somos atraídos por personas que nos recuerdan a otras que nos gustaron en el pasado. Estos objetos de amor reverencial suelen aparecer en un momento de nuestras vidas en que somos muy vulnerables, como la pubertad; cuando nos sentimos inseguros.

Los biólogos atribuyen la atracción sexual a las feromonas, hormonas responsables del celo en el mundo animal (seguramente la industria del perfume estará de acuerdo con ellos), pero lo cierto es que esta química se ve favorecida por circunstancias como el misterio, las dificultades o la soledad. De hecho, cuando resultas un poco misterioso e inalcanzable y tienes menos tiempo para dedicarle a alguien de lo que ese alguien desearía, le estás añadiendo un cierto «plus» a tus atractivos. Está en la naturaleza humana el que deseemos lo que no podemos tener...

De todas formas, si estás limitando tu relación al terreno de la fantasía, a amores secretos e idealizaciones que no llevan a ninguna parte, te sugiero que asumas un riesgo. Asumir riesgos controlados es esencial en la seducción y haciendo saber a la otra persona que tienes interés en ella estarás incrementando las posibilidades de que se produzca una conexión. Envíale una rosa; escríbele una nota o simplemente invítala a tomar un café. Comprueba si esa persona es realmente como imaginabas: puede que sea aún mejor que en tus sueños... o toda una pesadilla.

Averigua si está interesado/a en ti. Puede que te rechace, pero cuando lo peor haya pasado podrás seguir adelante con tu vida y encontrar a alguien que merezca la pena. Podrás salir, coquetear, charlar e incluso unirte a una persona de carne y hueso; no a una insensata fantasía.

Cuando no quieres a quien te quiere

Infinidad de veces he escuchado la frase: «No le quiero, pero no puedo dejarle»; incluso en mis seminarios, que están pensados para gente sin compromiso, he conocido a personas que son incapaces de romper, hombres que continúan porque no soportan «ver llorar a una mujer» o mujeres que prolongan una relación que detestan hasta que aparezca algo mejor.

Puede que sientas que tienes motivos para mantener una relación insatisfactoria, pero ¿de verdad existen razones tan buenas? No, si pretendes ser amable contigo mismo y un buen amigo para tu compañero.

Alargar innecesariamente una relación que no funciona no hace bien a ninguna de las dos parte de una relación; ya que no sólo te coloca en una situación de dependencia, sino que le impide a la otra persona buscar a alguien con quien sintonice más. Seguramente mientras tratas de convencerte a ti mismo de que le estás haciendo un favor aplazando lo inevitable, lo que estás consiguiendo es que los dos perdáis el tiempo, pues os estáis privando de la posibilidad de encontrar otra persona más compatible.

Ya sé que rechazar a alguien no resulta fácil, y que hacerlo con arte necesita coraje y habilidad... por eso a continuación te propongo algunos consejos para que dejes de aplazarlo.

Te permitirán decir que no con suavidad y firmeza para que te comportes de acuerdo a tus sentimientos y conserves la amistad de la otra persona. ¿Y por qué es tan importante que quedes como amigo de quien ya no te gusta? Pues porque los amigos son la base de las relaciones sociales y unas relaciones sociales amplias y diversas son el caldo de cultivo ideal para entablar relaciones felices.

¿Cómo terminar una relación que no funciona sin que te sientas culpable?

♦ **Utiliza mensajes en primera persona.** Si las frases de despedida y ruptura van en segunda persona como: «No has resultado ser quien yo me esperaba», haces que la responsabilidad por el fracaso de la relación recaiga por completo en el otro, y eso herirá sus sentimientos.

♦ **Asume tu parte de responsabilidad.** Puesto que eres tú quien analiza la incompatibilidad, es importante que admitas tus sentimientos y asumas la responsabilidad de tus acciones. Haz un esfuerzo consciente por usar mensajes en primera persona, como: «Siento que no tenemos nada en común» o «No me veo preparado/a para un compromiso en este momento». Aunque no puedo prometerte que el empleo de esta técnica consiga hacer que la situación no sea dolorosa, al menos, dejará intacto el ego de la otra persona. Y eso contribuirá a cicatrizar rápidamente la herida que pudieras producirle.

♦ **Sé amable, sé breve.** Si alguna vez has pasado por una ruptura que se ha convertido en un análisis histórico de todos vuestros pecados, fracasos y malentendidos, entenderás enseguida el por qué de este consejo y lo que tiene de compasión hacia el otro.

♦ **Amortigua el golpe** diciendo algo positivo antes o inmediatamente después de hacer estallar la carga explosiva. Eso hará que el impacto de lo que debes decir sea mucho más soportable.¿No se te ocurre nada agradable que decirle a quien ha compartido tantas noches de diversión... o los mejores años de tu vida? Entonces, recuerda lo que más te llamó la atención de él/ella cuando le conociste. Dile, por ejemplo: «Me gusta cómo expresas tus ideas, pero tengo la sensación de que no conectamos». Luego sonríe –¿por qué no?– y remata la situación.

♦ Recuerda que **no eres responsable** de las reacciones de los demás. Puede resultar muy difícil desentenderse del dolor de la otra persona (especialmente si ha ocupado una parte importante de tu vida), pero romper significa separarse física y emocionalmente de una relación que no te hace feliz. Hasta que no lo consigas, no podrás intentar otras relaciones más satisfactorias. Las lágrimas del otro no pueden lavar los motivos de tu infelicidad, y sus argumentos nunca podrán racionalizar los fundamentos de tu decisión de apartarte de él/ella. Si la situación se pone pesada, recuerda que no siempre es posible enderezar una relación que va mal. Y no permitas que tu determinación se tambalee. Eso consumiría tiempo, y no se necesita demasiado para que una relación que no funciona llegue a convertirse en insoportable e incluso en destructiva.

♦ **Hacer lo que tienes que hacer** (aunque pongas todo tu esfuerzo en hacerlo de una manera amable y amistosa), te acarreará más críticas que elogios. El único consuelo es que si haces lo que los demás quieren que hagas producirá exactamente los mismos efectos. Si tu decisión de terminar una relación hace que el otro comience a abrigar malos sentimientos hacia ti, ¡qué le vas a hacer! El tiempo dirá si ese enfado es importante o no. Por otro lado, tienes un montón de razones para sentirte satisfecho de tu honestidad... y tu futuro.

♦ **Acaba la conversación con amabilidad.** Nunca hay motivos para terminar una relación con insultos o amenazas, o para tratar a la otra persona con rudeza, sarcasmo u hostilidad, aunque la otra persona reaccione de forma agresiva. Romper ya es lo suficientemente difícil como para complicarlo aún más dejándote llevar por la ira en los últimos diez minutos que vais a pasar juntos.

◆ **Transmite tu mensaje con claridad pero con simpatía.** Si lamentas la forma en que la relación está llegando a su fin, ¡díselo! Si no, al menos hazle saber a tu «ex» que lamentas su dolor. Y, por lo que más quieras, no le digas que le vas a llamar si no piensas hacerlo; no sería un gesto de amabilidad, sino un acto de cobardía.

Acepta que no todo el mundo te quiere.

Puede que secretamente albergues la ilusión de caer bien a todo el mundo, de ser irresistible para cualquiera; pero en el mundo real hasta Santa Claus tienen sus detractores. Así que, ¿por qué continuar sintiéndote en la gloria o hundido en la miseria según consigas o no la admiración de todos los que te rodean?

¡Ya estás listo! Confío en que las técnicas y ejercicios de este libro te habrán ayudado a potenciar lo mejor de ti y a poner a punto las habilidades especiales que hacen que conocer, conversar y relacionarse con un nuevo compañero resulte fácil. Para empezar, recuerda que esto es una lotería: tendrás más posibilidades de encontrar a la persona de tus sueños si te relacionas con más gente. Y recuerda también que para seducir necesitas «Acercarte» a alguien con la «Actitud» correcta y «Actuar» con decisión. Ésas son las «Tres A» que necesitas para conseguir atraer a cualquiera; en cualquier momento y en cualquier lugar. ¿Estás preparado? ¡Vamos allá!

Una actitud positiva

- ¡Las cosas que nos hacen los demás no se pueden comparar con las que nos hacemos nosotros mismos ¡Ya basta! ¡Tú eres tu mejor logro!
- Para eliminar esa negatividad utiliza el modelo ABC.
- «Nada es verdad ni mentira, todo depende del color del cristal con que se mira»: no permitas que tus creencias irracionales coloreen el cristal a través del cual te asomas al mundo.
- ¡Todo es cuestionable! Poner en cuestión una creencia destructiva significa derrotarla.
- Seducir no es un duelo de un solo disparo. ¡Inténtalo otra vez!
- No seas demasiado persistente. A nadie le gusta sentirse acosado.
- No existen buenas razones para prolongar una relación que no funciona. Busca una compañía más satisfactoria y deja que la otra persona haga lo mismo.
- No eres responsable de las emociones de los demás. Así que no te sientas culpable por sus reacciones. Sé breve y amable.